AF306016

CATALOGUE

D'UNE JOLIE

COLLECTION DE LIVRES

COMPOSANT LA BIBLIOTHÈQUE

DE

FEU M. CHARLES TESTART

Ancien juge au Tribunal de commerce de Saint-Quentin

Livres à figures du xviiie siècle et livres de vènerie. — Reliures anciennes et du commencement du siècle. — Derome, Simier, Bozerian, Thouvenin. — Livres relatifs aux beaux-arts, histoire, etc.

DONT LA VENTE AURA LIEU

HOTEL DES COMMISSAIRES-PRISEURS

Rue Drouot, 9 — Salle nº 10

Les Mardi 10 et Mercredi 11 avril 1894

A 2 heures précises

Par le ministère de Mᵉ Maurice DELESTRE, commissaire-priseur
Rue Drouot, 27

Assisté de MM. Alphonse PICARD et Fils, libraires-experts.

PARIS

ALPHONSE PICARD ET FILS, LIBRAIRES
RUE BONAPARTE, 82

CATALOGUE DES LIVRES

COMPOSANT LA BIBLIOTHÈQUE

DE FEU M. CHARLES TESTART

ORDRE DES VACATIONS

CONDITIONS DE LA VENTE

La vente se fait au comptant.

Les acquéreurs payeront 5 °/₀ en sus des enchères, applicables aux frais.

Les réclamations devront être faites dans les vingt-quatre heures de l'adjudication. Passé ce délai, ou une fois sortis de la salle de vente, les ouvrages adjugés ne seront repris pour aucune cause.

Il y aura *exposition des livres chaque jour de vente, de 1 heure à 2 heures.*

M. Picard, chargé de la vente, remplira les commissions des personnes qui ne pourraient y assister.

CATALOGUE

D'UNE JOLIE

COLLECTION DE LIVRES

COMPOSANT LA BIBLIOTHÈQUE

DE

FEU M. CHARLES TESTART

Ancien juge au Tribunal de commerce de Saint-Quentin

Livres à figures du XVIIIe siècle et livres de vènerie. — Reliures anciennes et du commencement du siècle. — Derome, Simier, Bozerian, Thouvenin. — Livres relatifs aux beaux-arts, histoire, etc.

DONT LA VENTE AURA LIEU

HOTEL DES COMMISSAIRES-PRISEURS

Rue Drouot, 9 — Salle n° 10

Les Mardi 10 et Mercredi 11 avril 1894

A 2 heures précises

Par le ministère de Me Maurice DELESTRE, commissaire-priseur
Rue Drouot, 27

Assisté de MM. Alphonse PICARD et Fils, libraires-experts.

PARIS

ALPHONSE PICARD ET FILS, LIBRAIRES
RUE BONAPARTE, 82

CATALOGUE DES LIVRES

COMPOSANT LA BIBLIOTHÈQUE DE

FEU M. TESTART

I

SCIENCES, ARTS — JEUX — CHASSE — BLASON

1. — L'Art pour tous, encyclopédie de l'art industriel et décoratif. Émile Reiber, directeur fondateur. Paris, 1861-1880. 19 vol. in-f°, d.-r. et cart.

Nombr. grav. et pl. Manque année X.XVIII en double.

2. — Art (L'). Revue hebdomadaire illustrée. Paris, Librairie de l'art, 1875-1878. Tome 1 à 15, gr. in-f°, d. r. chagr. rouge, plats toile, tête dorée.

3. — **Berty** (Ad.) Les grands architectes français de la Renaissance, Lescot, Phil. de l'Orme. Goujon, etc., d'après de nombreux documents inédits. Paris, Aubry, 1860. 1 vol. in-8°, d.-r., mar. r., t. d., n. r.

4. — **Blanc** (Ch.) Le trésor de la curiosité tiré des

catalogues de vente de tableaux, dessins, estampes, etc.,
avec diverses notes et notices historiques et biographiques. Paris, Renouard, 1857-1858, 2 vol. in-8°,
br. (vignettes).

5. — **Blanc** (Charles). Histoire des peintres de toutes
les écoles depuis la Renaissance jusqu'à nos jours.
Paris, 1875. 14 vol. in-4°, d.-r. chagr.

Nombreuses gravures.

6. — [**Bonnemaison** (Le chevalier de)]. Galerie
de S. A. R. madame la duchesse de Berri, école française, peintres modernes. Ouvrage lithographié par d'habiles artistes, etc. Paris, impr. de J. Didot, (1823-1828.)
2 vol. gr. in-f°, d.-r. 120 pl.

7. — **Bouelles** (Charles de). La géométrie pratique,
composée par le noble philosophe maistre Charles de
Bouelles..... A Paris, chez Hiérosme de Marnef et Guillaume Cauellat, 1566. Petit in-4°, rel. veau f., tr.
dorée.

8. — **Brongniart** (Al.). Traité des arts céramiques
ou des poteries considérés dans leur histoire, leur pratique et leur théorie. 2ᵉ édition revue et corrigée par
Alph. Salvétat. Paris, Béchet, 1854, 2 vol. in-8°, d.-r., pl.

9. — **Buffon**. Histoire naturelle générale et particu-
lière, avec la description du Cabinet du roi. A Paris,
de l'imprimerie royale, 1749. 36 vol. in-4°, rel. veau
f., filets, dent. intér., tr. dorée.

Fig. nombreuses. Sera vendu avec le n° 37.

10. — **Burtin** (Fr.-Xavier de). Traité théorique et pratique des connaissances qui sont nécessaires à tout amateur de tableaux et à tous ceux qui veulent apprendre à juger, apprécier et conserver les productions de la peinture. 2e édition. Valenciennes, Lemaître, 1846. 1 v. in-8° br.

11. — **Callot**. Capricci di varie figure di Iacopo Callot. all il^{mo}. et ecc. S. Principe don Lorenzo Medici. Florence, 44 fig., dess. et grav. à l'eau forte par Callot. 1 vol. in-12 oblong, rel. parch.

12. — Catalogue de livres d'estampes et figures en taille douce avec un dénombrement des pièces qui y sont contenues fait à Paris en 1666 par *De Marolles.* Paris, 1666. 1 vol. in-8°, rel. v. f.

13. — Catalogue historique du cabinet de peinture et sculpture françoise de *M. de Lalive*, introducteur des ambassadeurs. Paris, imp. Le Prieur, 1764. 1 vol. in-8°, rel. mar. rouge, fil., tr. dorée (*rel. anc.*)

Front. par Le Fevre.

14. — Catalogue des livres de la bibliothèque de feue madame la marquise de Pompadour, dame du Palais de la Reine. Paris, Hérissant, 1765. 1 vol. in-8°, rel. v. rac.

Avec les prix d'adjudication en marge.

15. — Catalogue raisonné des différens objets de curiosités dans les sciences et arts qui composoient le cabinet de feu *M. Mariette*, controleur général de la grande Chancellerie, etc.; ensemble *Catalogue. des* *estampes* du même par *F. Basan*, graveur, 1775. 2 vol. pet. in-8°, rel. et d.-r.

Le premier cont. 1 titre et front. grav. et quelques grav. reproduisant des tableaux annoncés ; avec les prix d'adjudication en marges aux deux catalogues.

16. — Catalogue des vases, colonnes, tables de marbres, etc., qui composent le cabinet de feu le duc *d'Aumont*, par Julliot fils et A. Paillet. Paris, 1782. 1 vol. in-8°, rel. mar. r., fil. et petits fers, tr. dorée (*rel. anc.*).

Exemplaire interfolié avec les prix d'adjudication.

17. — **Champfleury**. Histoire des faïences patriotiques sous la révolution. Paris, 1867. 1 vol. in-8°, d.-rel. chag.

18. — **Douce** (Francis). The dance of death exhibited in elegant engravings on wood with a dissertation on the several representations of that subject but more particularly on those ascribed to Macaber and Hans Holbein. London, Pickering, 1833. 1 vol. in-8°, rel. mar. br. jans., dent. int., tr. dorée (*Hardy*).

49 pl. numérotées et 5 non numérotées.

19. — [**Dreux du Radier**]. Essai historique, critique, philosophique, politique, moral, littéraire et galant sur les lanternes, leur origine, leur forme, leur utilité, etc. Dôle, chez Luconophile, 1755. 1 vol. in-8°, rel. veau rac., tr. rouge.

Chiffre au bas du dos.

20. — **Dubuisson**. Armorial des principales maisons

et familles du royaume, particulièrement de celles de Paris et de l'Isle de France. Paris, 1757. 2 vol. in-12. rel. mar. vert, fil. sur les plats, dent. int., tr. dorée. (*Petit*) (pl.).

Ouvrage rare contenant 384 pl. représentant 4000 écussons gr. en taille douce.

21. — Du Choul (Guillaume), gentilhomme lyonnois, conseiller du Roy et Baillif des montaignes du Daulphiné. Discours sur la castramétation et discipline militaire des Romains, des bains et antiques excercitations grecques et romaines, de la religion des anciens Romains. Lyon, imp. Guillaume Rouille, 1555-1556, en 1 vol. in-f°, rel. mar. rouge, filets et ornements sur les plats, dos orné, tr. dorée, dent. int. (*Hardy-Mesnil*), pl. et figures.

Figures sur bois curieuses.

22. — Du Fouilloux (Jacques). La Vénerie..... de nouveau reveve, et augmentée outre les précédentes impressions. A Paris, en la boutique de L'Angelier, chez Claude Cramoisy, au premier pilier de la grand' salle du Palais. M.DCXXIV. 1 vol. pet. in-4°, rel. mar. noir semée de lions, et filets (fers à froid), doublée de mar. rouge, gardes en satin rouge, tr. dorée (*Cuyls*).

Fig. sur bois semblables à celles de l'édition de de Marnef.

23. — Feuillet de Conches (F.). Causeries d'un curieux, variétés d'histoire et d'art tirées d'un cabinet d'autographes et de dessins. Paris, 1862-1868. 4 vol. in-8°, d.-r. mar. r. avec coins.

Fac-similés.

24. — Forestié (Edouard). Les anciennes faïenceries de Montauban, Ardus, Negreplisse, Auvillar, etc. (Tarn-et-Garonne). Montauban, 1876. 1 vol. in-8°, rel. toile, n. rog.

25. — Fortin (Frère François), religieux de Grand-mont. Les ruses innocentes dans lesquelles se voit comment on prend les oiseaux passagers et les non passagers, et de plusieurs sortes de bêtes à quatre pieds, avec les plus beaux secrets de la pêche dans les rivières et dans les étangs....., par F. F. F. R. D. G., dit le solitaire inventif. *Suivant la copie de Paris*, à Amsterdam, chez Daniel de Feuille... 1695. 1 vol. pet. in-8°, rel. veau f.

Frontisp. et fig. Le 8ᵉ f. du cahier P manque à cet exemplaire.

26. — [**Gaffet** (sieur de la Biffardière)]. Nouveau traité de vènerie contenant la chasse au cerf, celles du chevreuil, du sanglier, du loup, du lièvre et du renard avec la connaissance des chevaux propres à la chasse et des remèdes pour les guérir. Un traité de la piperie, de la fauconnerie, etc. le tout orné de figures et de musique. Paris, Nyon, 1750. 1 vol. in-8°, rel. v. marbre (pl.).

27. — Galerie du musée Napoléon, publiée par Filhol, graveur, et rédigée par Lavallée (Joseph). Paris,

Filhol, impr. Gillé fils, 1804-1827. 11 vol. gr. in-8°,
d.-r., n. r.

Nombr. fig.

28. — Gazette des Beaux-Arts, courrier européen de
l'art et de la curiosité, de l'origine 1859 à 1883, 1re et
2e séries, avec les 2 tables. 49 vol. gr. in-8°, d.-r.,
dont 2 de tables.

Années 1881-1882-1883 en fascicules ; ensemble la chronique des
arts et de la curiosité ; 1863-1867 rel. et br. ; 1874-1875 rel. ;
1876-1883 en feuilles.

29 — Le même, tome I-X, 10 vol. gr. in-8°, d.-r.

30. — **Goncourt** (Edmond et Jules de). L'art au
xviiie siècle, 1873-1874. 2 vol. in-8°, br., pap. vergé.

31. — [**Goury de Champgrand**]. Traité de vènerie
et de chasse, scavoir : du cerf, du daim, du chevreuil,
du lièvre, du sanglier, du loup, du renard..... A Paris,
chez Claude-Jean-Baptiste Hérissant, 1769. 2 part. en
1 vol. in-4° d.-rel. veau fauve, avec 39 pl.

La seconde partie comprend la chasse au fusil et la fauconnerie.

32. — **Greslou** (J.). Recherches sur la céramique
suivies de marques et monogrammes des différentes
fabriques. Chartres, 1863. In-8°, d.-rel., n. rog.

33. — **Hardouin**, seign. de Fontaines-Guérin.
Trésor de vènerie composé l'an MCCCLXXXIV, publ.
p. H. Michelant. Metz, Rousseau, Pallez, 1856. In-8°
d.-r., reprod. de fig. sur bois.

Tiré à petit nombre.

34. — **Havard** (Henry). Histoire de la faïence de Delft. Paris, Plon, 1878. 1 vol. gr. in-8°, br. (pl. et grav.).

Les planches sont dessinées par Flameng et Goutzwiller, les chromolithographies sont de Lemercier.

35. — **Havard** (Henry). Dictionnaire de l'ameublement et de la décoration depuis le XIII° siècle jusqu'à nos jours. Paris, Quantin. 4 vol. in-4° br.

Avec nombr. fig. et pl. noires, bistre et en couleur.

36. — **Jacquemart** (Alb.) et **Edmond le Blant**. Histoire artistique, industrielle et commerciale de la porcelaine accompagnée de recherches sur les sujets, etc. Paris, Techener, 1862. 1 vol in-f°, d.-r. mar. r. avec coins, t. d., n. r.

26 planches à l'eau forte par Jacquemont.

37. — **Lacepède** (Cte de). Histoire naturelle des quadrupèdes ovipares, des serpents et des poissons. Paris, de Thou, 1788-1804. 8 vol. in-4°, d.-rel. v. f., t. d., n. r. (pl.).

Sera vendu avec n° 9. Buffon.

38. — **La Chau** (de) et **Le Blond**. Description des principales pierres gravées du cabinet de S. A. S. Mgr le duc d'Orléans. Paris, chez Pissot, 1780. 2 vol. in-4°, d.-r. ch. rouge, coins.

Front. par Cochin; vignettes et culs-de-lampe par A. Saint-Aubin, et nombreuses planches.

39. — **Lacroix** (P.) et **Séré** (F.). Le Moyen-Age et la Renaissance, histoire et description des mœurs et usages, du commerce et de l'industrie, des sciences, des arts, des littératures et des beaux-arts en Europe. Paris, 1848-1851. 5 vol. in-4°, d.-r. mar. rouge, tr. dorée, n. r., montés sur onglets (*Smeers*).

Pl. en coul. et grav.

40. — **Lacroix** (Paul) et **Ferd. Séré**. Histoire de l'orfèvrerie, joaillerie et des anciennes communautés et confréries d'orfèvres-joailliers de la France et de la Belgique. Paris, 1850. 1 vol. gr. in-8°, carton.

Pl. noires et en couleur et fig.

41. — **Lacroix** (Paul, Bibliophile-Jacob). Sciences et lettres au moyen âge et à l'époque de la Renaissance. Paris, Didot, 1877. — Vie militaire et religieuse au moyen âge et à l'époque de la Renaissance. Paris, Didot, 1873. Ensemble, 2 vol. gr. in-8°, br.

Avec nombreuses fig. et pl. noires et en couleur.

42. — **Lebas** (J.). Festin joyeux ou la cuisine en musique, en vers libres. Paris, 1738. 1 vol. p. in-8°, rel. v. éc., pl. et 49 airs notés.

Peu commun et curieux.

43. — Le jeu de tric-trac comme on le joüe aujourd'huy enrichy de figures et d'une méthode très aisée pour apprendre de soy même à jouer ce jeu en perfection (avec la suite, contenant les règles du jeu de Reversis, du Tourne-case, des Dames rabattues). Paris, Charpentier, 1698. 1 vol. in-12, d.-r. en cuir de Russie, t. d., n. r.

44. — L'Espinoy (Philippe de). Recherches des antiquitez et noblesse de Flandre. Douay, de l'imprimerie de la veuve Marc Wyon, 1631. 1 vol. pet. in-fol., rel. veau (*rel. anc.*), avec frontisp., pl. et fig.

Ex. ayant appartenu à Messire Gilles du Faing, baron de Jamoigne, etc...

45. — Livre (le) du roy Modus et de la royne Racio, nouvelle édition conforme aux mss. de la Biblioth. royale, orné de gravures faites d'après les vignettes de ces mss..... avec une préface par *Elzéar Blaze*. Paris, Blaze..., 1839. 1 vol. gr. in-8°, car. goth., demi-chagrin ébarbé (fig).

46. — Louandre (Ch.). Les arts somptuaires, histoire du costume et de l'ameublement et des arts et industries qui s'y rattachent, sous la direction de Hangard Mangé. Dessins de Cl. Ciappori. Paris, 1857-1858. 4 vol. in-4°, d.-r. mar. rouge avec coins, t. d., n. r., montés sur onglets. 2 de texte et 2 de planches col. (*Smeers*).

47. — Lurine (Louis). Les rues de Paris, Paris ancien et moderne, origine, histoire, monuments, costumes, mœurs... Paris, Kugelmann, 1844. 2 vol. gr. in-8°, d.-rel. chagr. brun, coins, tête dorée, ébarbé.

Portr., fig. et pl.

48. — [**Magné Marolles**]. La chasse au fusil, ouvrage divisé en deux parties. Paris, imp. de Monsieur, et se vend chez Théoph. Barrois, 1788, avec le supplément au traité de la chasse au fusil contenant des additions et corrections importantes. Paris, Barrois, 1791. 2 vol. in-8°, rel. peau de truie, fil., dos orné, t. d. (pl.), pap. holl. fin.

Un des six exemplaires tirés sur ce papier d'après une note manuscrite de l'auteur sur la garde du volume. *Quelques notes manuscrites prob. de l'auteur.*

49. — **Mareschal** (M.-A.-A.). Les faïences anciennes et modernes, leurs marques et décors, *seconde édition.* Paris, Eug. Delaroque, 1873-74. 2 vol. in-8°, dans un carton.

Faïences françaises et étrangères.

50. — **Mareschal**. Iconographie de la faïence, dictionnaire. Paris, 1875. In-12, rel. t., n. rog.

51. — **Mariette**. Description sommaire des desseins des grands maîtres d'Italie, des Pays-Bas et de France, du cabinet de feu Crozat. Paris, 1741. Description sommaire des pierres gravées du cabinet de feu Crozat. Paris, 1741. 2 vol. in-8°, cart.

52. — **Mayer** (de). Aventures et plaisante éducation du courtois chevalier Charles le Bon, sire d'Armagnac, contenant profitables leçons à jeunes chevaliers et dames de haut parage. Amsterdam, 1795, 3 vol. in-12, rel. v. brun (*aux armes*).

Cachet sur le titre.

53. — **Michel** (Francisque) et **Fournier** (Edouard). Le livre d'or des métiers. Histoire des hôtelleries, cabarets, hôtels garnis, restaurants et cafés..... Paris, 1851. — Histoire des cordonniers et des artisans..... Paris,

1852. Ensemble, 3 vol. gr. in-8°, rel. demi-chagr. rouge, plats toile.

Fig. et pl. noires et en couleur.

54. — Musée **Dantin**. Galerie des charges et croquis des célébrités de l'époque, avec texte explicatif et biographique. Paris, H. Delloye, 1839. 1 vol. in-8°, d.-r., mar. r. avec coins, tr. dorée, n. r.

Grav. à la silhouette.

55. — Paris à travers les âges, aspects successifs des monuments et quartiers historiques de Paris, depuis le xiiie siècle jusqu'à nos jours, fidèlement restitués d'après des doc. authentiques par M. Hoffbauer, texte par Ed. Fournier, Paul Lacroix, de Montaiglon, etc. Paris, Didot, 1875-1882. 14 livraisons in-f° en carton.

Nomb. pl., vignettes, etc.

56. — **Peignot**. Recherches historiques et littéraires sur les danses des morts et sur l'origine des cartes à jouer. Dijon-Paris, 1826. 1 vol. in-8°, d.-r. mar. r. avec coins, t. d., n. r. (fig. et vignettes).

57. — **Ris-Paquot**. — Histoire générale de la faïence ancienne française et étrangère considérée dans son histoire, sa nature, ses formes et sa décoration. Amiens-Paris, 1874-1876. 2 vol. in-f°, d.-r. mar. r. avec coins, t. d., n. r. 1 de texte et 1 de planches.

200 planches en coul. retouchées à la main. 1400 marques et monogrammes.

58. — **Roddaz** (Camille de). L'art ancien et l'Expo-

sition nationale belge. Bruxelles et Paris, 1882. 1 vol. in-4°, br.

Nombr. fig. et pl. noires et col.

59. — [**Saint-Victor**]. Tableau historique et pittoresque de Paris depuis les Gaulois jusqu'à nos jours. Paris, Nicolle et Le Normant, imp. des frères Mame, 1808-1809. 3 tomes en 6 vol. in-4°, d.-rel., n. r.

299 cartes, plans et vues grav. à la manière noire.

60. — Tableau de Paris ou explication de différentes fig. gravées à l'eau forte (par *Dunker*), pour servir aux différentes éditions du tableau de Paris par M. Mercier. Yverdon, 1787. In-8°, cart.

96 curieuses fig. gravées par Dunker avec texte explicatif.

61. — **Thiers** (J.-B.). Histoire des perruques où l'on fait voir leur origine, leur usage, leur forme, l'abus et l'irrégularité de celles des ecclésiastiques. Avignon, Louis Chambeau, 1779. 1 vol. in-12, d.-r., t. d., n. r.

62. — Trois danses des morts : soixante-douze gravures en bois. Epreuves d'artiste. Paris, 1856, Edwin Tross (imprimé par Didot, frères). 1 vol. pet. in-12, rel. mar., dent. intér., tr. dorée (*Hardy*).

Contient 2 suites l'une sur Chine, l'autre sur papier anglais.

63. — **Viollet-le-Duc**. Dictionnaire raisonné de l'architecture française, du XIe au XVIe siècle. Paris, Bance, Morel, 1858-1871. 10 vol. in-8°, d.-rel. chag. rouge, tr. peigne.

Fig. et pl.

64. — **Viollet-le-Duc**. Dictionnaire raisonné du mobilier français, de l'époque carlovingienne à la Renaissance. Paris, Bance et Morel, 1858-1875. 6 vol. in-8°, d.-rel. mar. rouge, tête dorée, ébarbé.

Fig. et pl. noires et en couleur.

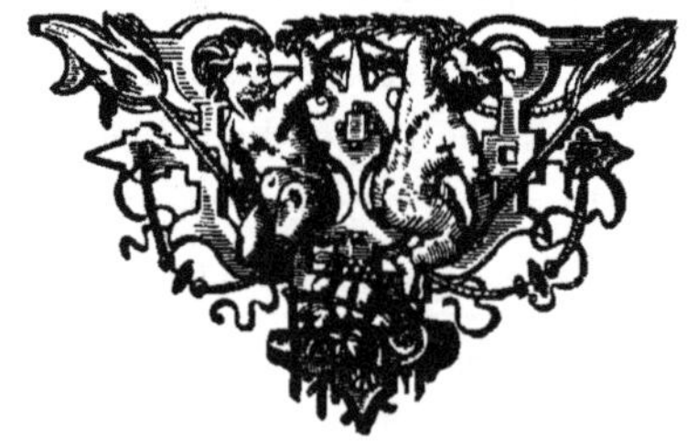

II

65. — Anecdotes du xviiie siècle. A Londres, 1783. 2 vol. in-12, rel. mar. bleu, fil., dent., dos orné, tr. dorée (*E. Pouget*).

66. — **Arnault** (A.) Les souvenirs et les regrets du vieil amateur dramatique ou lettres d'un oncle à son neveu sur l'ancien théâtre français depuis Bellecour, Lekain, etc.; MM^{mes} Dumesnil, Clairon et jusqu'à Mme Larive; MM^{mes} Raucourt, Vestris, etc. Paris, Leclère, Imp. Lahure, 1861, 1 vol. in-8°, rel. mar. r., fil., dos orné, dent. int., tr. dorée (*Smeers*), tit. roug. et noir (fig).

49 planches col. sur papier jonq.

67. — **Auguis** (P. R.) Les poètes françois depuis le xiie siècle jusqu'à Malherbe avec une notice historique et littéraire sur chaque poète. A Paris, de l'impr. de Crapelet, 1824. 6 vol. gr. in-8°. d.-rel. mar. rouge, non rognés (*Thouvenin*).

Un des 50 ex. sur grand raisin vélin.

68. — **Balzac** (S. de). Socrate chrestien et autres œuvres du mesme autheur. Paris, Augustin Courbé,

1652. 1 vol. pet. in-8°, rel. mar. br., janséniste, tr. dorée, dent. int. (*Fock*).

Dans le même volume sont contenus : Apologie contre le docteur de Louvain ; deux discours envoyés à Rome au cardinal Bentivoglio ; dissertations ou diverses remarques, etc.

69. — **Balzac** (H. de). Les contes drolatiques colligez ez abbayes de Touraine. Sixième édition, illustrée de 425 dessins par *Gustave Doré*. Paris, E. Caen, 1865. 1 vol. in-12, rel. mar., brun, entrelacs avec mosaïque sur les plats., dent intér., tr. dorée (*Petit, succ. de Simier*).

Un des 25 ex. sur Chine, les seuls dont les fig. ont été tirées sur des bois originaux. Les ex. en papier ordinaire de la 1ʳᵉ édition de 1855 ont été tirés sur des clichés.

70. —**Beaumarchais**. OEuvres complètes précédées d'une notice sur sa vie et ses ouvrages. Paris, 1828. 6 vol. in-8°, d.-r. cuir de Russie avec coins, t. d., n. r.

Port. p. Deveria, gr. de Tony Johannot.

71. — **Bernard**. OEuvres ornées d'une gravure d'après Prudhon. Paris, Janet et Cotelle, 1823. 1 vol. in-8°, d.-r. avec coins, t. d., n. r.

72. — **Boccace** (Jean). Les dix journées, traduction de Le Maçon, avec notice, notes et glossaire, par Paul Lacroix. Paris, Jouaust, 1873. 10 vol. pet. in-8°, (fig.).

Gr. pap. holl. — 11 eaux-fortes par Flameng.

73. — [**Boileau-Despréaux**]. OEuvres diverses du sieur D*** avec le traité du Sublime ou du Merveilleux dans le discours trad. du Grec de Longin. Paris, Louis Billaine, 1674 (imp. Denis Thierry. 2 parties en 1 vol.

in-4°, rel. mar. r., dos orné, fil. sur les plats, tr. dorée
(*Capé*).

Front. grav. et fig. — Prem. éd. sous le titre d'œuvres, comprenant : discours au Roi, 9 satires, discours sur la satire, 4 épîtres, l'Art poétique, Lutrin, Traité du Sublime.

74 — Boileau-Despréaux. OEuvres diverses avec le traité du Sublime ou du Merveilleux dans le discours traduit du grec de Longin, nouv. éd. revue et augmentée. Paris, Denis Thierry, 1701. 2 vol. in-12, rel. mar. rouge, filets petits fers, dos orné, dent. int., t. dorée (*Brany*) front., port. (fig.).

Bonne édition.

75. — [Bordelon (l'abbé L.)]. Heures perdues et divertissantes du chevalier de Rior. A Amsterdam, aux dépens de la compagnie, 1716. 1 vol. pet. in-12, rel. mar. rouge, tr. dorée.

76. — Boulanger. L'antiquité dévoilée par ses usages ou Examen critique des principales opinions, cérémonies, institutions religieuses et politiques des différents peuples de la terre. A Amsterdam, chez Marc-Mich. Rey, 1766. 3 vol. in-12, rel. veau rac., filets, tr. dorée (rel. anc.).

77. — Camoens (Louis). La Lusiade, poème héroïque en dix chants, traduit du portugais, avec les notes et la vie de l'auteur, par La Harpe, de l'Académie française. Paris, Verdière, 1820. 1 vol. in-8°, rel. mar. vert longs grains, filets et ornements sur les plats, dos orné, tr. dorée (*Simier, R. du Roi*), port.

78. — **Canler**. Mémoires de Canler, anc. chef de la Sûreté. Paris, J. Hetzel, libr. Claye, *s. d.* 1 vol. in-12, d.-rel. mar. bleu, dos orné, tête dorée, non rogné.

79. — Chansonnier nouveau, dont le dépôt est rue du Plâtre-Saint-Jacques. — Chansonnier choisi et composé par Arnaud et chanté par lui. — Chansonnier nouveau composé, choisi et chanté par Vissière et son épouse. — Recueil de chansons nouvelles choisies et chantées par Audiffred et Cie. — Album des enfants de la gaîté, chanté par Boutet..... Ensemble, 1 vol. pet. in-12, rel. mar. rouge, dent. intér., tr. dorée (*Belz-Niédrée*).

Recueil factice.

80. — Recueil de chansons et romances. 1 vol. pet. in-12, rel. mar. bleu, dent. intér., tr. dorée (*Belz-Niédrée*).

Recueil factice.

81. — Recueil de romances et chansons dont le dépôt est chez le sieur Aubert, rue du Plâtre-Saint-Jacques, 19, à Paris... 1 vol. pet. in-12, rel. mar. rouge, fil., dent. int., tr. dor. (*Belz-Niédrée*).

Recueil factice de chansons.

82. — Recueil de chansons et romances. Pet. in-12, rel. mar. bleu, fil., tr. dor. (*Belz-Niedrée*).

Recueil factice de chansons.

83. — **Charron** (Pierre). De la sagesse, trois livres. A Leide, chez Jean Elzevier, *s. d.* (1646) 1 vol in-12, rel. mar. rouge, filet, tr. dor. *Rel. anc.*

La plus rare des diverses éditions de la Sagesse, qu'ont publiées les Elzévier. Avec l'erreur de pagination. 130 ^{mm}.

84. — **Colardeau**. OEuvres choisies, nouv. édition ornée d'une gravure. Paris, Janet-Cotelle. 1825. 1 vol. in-8°. dem. mar. avec coins, t. d., n. r. (*Bauzonnet*).

85. — Collection des moralistes anciens dédiée au roi. Paris, Didot, 1782-1795. 16 vol. in-12, rel. mar. r., fil., t. dorée.

Confucius, livres classiques de la Chine, — entretiens de Socrate, — apophthegmes des Lacédémoniens, — Plutarque, Theognis, Epictète, Cicéron, Sénèque, ami des vieillards.

86. — **Damvilliers** (Le Sr de). Les imaginaires, ou lettres sur l'hérésie imaginaire. A Liège, chez Adolphe Beyers, 1667. 2 vol. pet. in-12, rel. mar. rouge, filet, dent. intér., doubl. moire, dos orné, tr. dorée (*Lefebvre*).

87. — **Dassoucy**. Aventures burlesques nouv. édit. avec préfaces et notes, par Em. Colombey. Paris, Delahays, 1858. 1 vol. in-12, d.-r., avec coins, t. d., n. r. (port).

88. — **Delavigne** (Casimir). OEuvres complètes. Paris, Didot, 1855. 10 vol. in-8°, d.-r. v. f., t. d., n. r.

Port. et grav. de A. Johannot, Regnier, etc.

89. — **Delille** (J.). OEuvres complètes. Nouvelle édition. Paris, L. G. Michaud, 1824. 16 vol. gr. in-8°, d.-rel. chagr. vert, coins et pl.

Ex. en papier vélin.

99. — Diable à Paris (Le). Paris et les Parisiens, mœurs et coutumes, caractères et portraits des habitants de Paris, etc.; texte par G. Sand, Stahl, Gozlan, Pascal,

Soulié, etc. ; précédé d'une histoire de Paris par Théoph.
Lavallée, illustrations par Gavarni, vignettes p. Bertall.
Paris, Hetzel, 1845-1846. 2 vol. gr. in-8°, d.-r. v. rouge,
fig. et vignettes.

Premier tirage.

91. — **Dorat**. Œuvres choisies précédées d'une
notice biographique et littéraire par M. Després, ornées
d'une gravure. Paris, Janet-Cotelle, 1827. 1 vol. in-8°,
d.-r. v. f. avec coins, t. d., n. r. (*Bauzonnet*).

92. — L'Echo lyrique. Choix de romances et de
chansonettes. 1 vol. pet. in-12, rel. mar. vert, dent.
intér., tr. dorée. (*Belz-Niédrée*).

Recueil factice.

93. — **Ellain** (Nicolas) Parisien (1561-1570). Œuvres
poétiques françoyses; rimes inédites en patois percheron; la fontaine des amoureux de science composée par
Jehan de La Fontaine de Valenciennes, poème hermé-
tique du xv° siècle; l'art poétique de Jean Vauquelin,
sieur de La Fresnaye (1536-1607); les œuvres poétiques
en patois percheron de Pierre Genty, maréchal ferrant,
(1770-1821), publ. par Ach. Genty. Paris, Poulet-
Malassis, 1861-1863. 5 vol. pet in-8°, d.-r. mar. vert, avec
coins, t. d., n. r. (*Thivet*), titre rouge et noir (port.).

Plaquettes tirées à petit nombre.

94. — Escole (L') des princes ou Alexandre le Grand
comblé de gloire et de malheurs. A Amsterdam, chez
Jacques le jeune, 1671. 1 vol. pet. in-12, rel. veau, fil.,
tr. dorée (*Simier*), portrait.

95. — Fabliaux et contes des poètes françois des xiiᵉ, xiiiᵉ, xivᵉ et xvᵉ siècles, tirés des meilleurs auteurs. Paris, Vincent, 1756. 3 vol. in-12, rel. mar. r. à longs grains, filets et dent. sur les plats, dos orné, tr. dorée (*Bozerian*).

96. — **Fleming and Tibbins**. Royal Dictionary English and French and English. Paris, Didot, 1879-85. 2 vol. gr. in-4º, d.-rel. chagr. grenat, tr. peigne.

97. — **Florian**. OEuvres. Paris, Briand, 1823-1824. 13 vol. in-8º, d.-rel. mar., n. rog., rel. de *Ginin*.

Exemplaire en grand papier vélin avec figures sur chine.

98. — **Furetière**. Poésies diverses. A Paris, chez Guillaume de Luynes, au Palais, 1655. 1 vol. pet. in-4º, rel. veau, fil., frontisp.

Edit. origin.

99. — Galerie historique des portraits des comédiens de la troupe de Voltaire gravés à l'eau forte par Fred. Hillemacher, avec détails biographiques par de Manne. Lyon, Scheuring (imp. Perrin), 1861. 1 vol. in-8º, rel. veau, filets, dos orné, tr. dorée (*Allô*), (port.).

1ʳᵉ édition rare.

100. — Galerie historique des comédiens de la troupe de Talma, notices sur les principaux sociétaires par de Manne, avec portraits gravés à l'eau forte par Fréd. Hillemacher. Lyon, Scheuring (imp. Perrin), 1866. 1 vol. in-8º, rel. mar. vert, fil., dos orné, dent. int., tr. dorée (*Allô*), (port.).

101. — Galerie historique des portraits des comédiens de la troupe de Molière, gravés à l'eau forte par Fréd. Hillemacher avec détails biographiques, seconde édition. Lyon, Scheuring (imp. Perrin), 1869. 1 vol. in-8°, rel. mar. vert, fil., dos orné, dent. int., tr. dorée (*Allô*), (port.).

102. — **Girodet-Trioson**, peintre d'histoire. Œuvres posthumes, suivies de sa correspondance, précédées d'une notice historique et mises en ordre par A. Coupin. Paris, Renouard, 1829. 2 vol. in-8° cart., n. r. (grav.).

Les port. et grav. sont en plusieurs états, certaines sur papier teinté.

103. — **Guarini**. Le Berger fidèle. Traduit de l'italien (par l'abbé *Torche*) en vers françois. A Amsterdam, chez Abraham Wolfgang, MCDLXXXIX. 1 vol. pet. in-12, rel. veau, dent., tr. dor., frontisp.

104. — **Héliodore**. Amours de Theagène et de Chariclée. Histoire éthiopique. A Paris, chez Coustelier, 1743. 2 vol. in-12, rel. veau rouge, fil., tr. dorée.

Exemplaire de M. Cigongne. Cette traduction a été attribuée par Lenglet Dufresnoy à Poullain de Ste Foix, auteur des Essais sur Paris.

105. — **Helvétius**. Œuvres complètes. Paris, Didot aîné, 1795. 14 vol. in-12, rel. mar. rouge, longs grains, fil. dor., tr. dor.

106. — **Heptaméron**. Les sept journées de la reine de Navarre suivies de la huitième, édition de Claude Gruget, 1559 ; notice et notes par Paul Lacroix, index et glossaire. Paris, Jouaust, 1870-1872. 8 vol. pet. in-8°, br., fig.

Gr. pap. Hollande. Eaux-fortes de Flameng.

107. — Historial du jongleur (L'). Chroniques et légendes françaises, publiées par Ferd. Langlé et Emile Morice, ornées d'initiales, vignettes et fleurons, imités des manuscrits originaux. Paris, Didot, 1829, in-8°, rel. veau, tr. dorée.

Imprimé en caractères gothiques.

108. — [**Holbach** (baron d')]. Système social ou principes naturels de la morale et de la politique avec un examen de l'influence du gouvernement sur les mœurs. Londres (Amsterdam), 1773. 3 tomes en 1 vol. in-8°, rel. mar. r., filets sur les plats, petits fers aux angles.

109. — **Homère.** Iliade et Odyssée, avec remarques précédées de réflexions sur Homère et sur la traduction des poètes p. Bitaubé. Paris, Didot, 1786. 12 vol in-8°, rel. mar. citron, tr. dor., port. grav. p. *Cochin.*

110. — **Hugo** (Victor). Odes et ballades, Orientales, Feuilles d'automne, Chants du crépuscule, Voix intérieures, Rayons et ombres, Derniers jours d'un condamné, Claude Gueux, le beau Pécoupin. Paris, Hachette, 1857, gr. in-18, d.-r. mar. r., t. d., n. r. (port.) (*Kauffmann*).

Portraits de Victor Hugo à différentes époques de sa vie.

111. — **La Mettrie** (de). Œuvres philosophiques. A Amsterdam, *s. typ.*, 1753. 2 vol. pet. in-12, rel. mar. rouge, filets, tr. dorée.

112. — **Larousse** (Pierre). Grand dictionnaire universel du xixe siècle. Paris, Larousse, 1866-77. 16 vol. in-4°, d.-r. chagr. vert, coins, tr. peigne (portr.).

113. — [**La Salle** (Ant. de)]. Histoire et cronicque du petit Jehan de Saintré et de la dame des Belles Cousines, sans aultre nom nommer; collationnées sur les manuscrits de la Bibliothèque royale et sur les éditions du xvie siècle. Paris, Firmin Didot frères, 1830. 1 vol. in-8°, d.-r. mar. bl., avec coins, t. d., n. r.

Réimp. gothique, lettrines.

114. — **Lebrun**. OEuvres choisies précédées d'une notice sur sa vie et ses ouvrages par M. D., avec portrait. Paris, Janet-Cotelle, 1829. 1 vol. in-8°, d.-r. mar. avec coins, t. d., n. r. (*Trautz Bauzonnet*).

115. — **Lemercier de Neuville** (L.). Théâtre des Pupazzi. Lyon, Scheuring, 1876, in-8°. br. (port. et en têtes).

116. — **Le Moyne** (Pierre) de la compagnie de Jésus. Saint Louys ou la sainte couronne reconquise, poème héroïque. Paris, Louys Bilaine, 1666. 1 vol in-12, rel. mar. tête de nègre janséniste, dent. int., tr. dorée, (front. et fig.).

Avec un traité du poème héroïque.

117. — **Le Roulx de Lincy**. Le livre des Proverbes français, précédé de recherches historiques sur les proverbes français et leur emploi dans la littérature du Moyen-Age et de la Renaissance. 2e édition. Paris,

Delahays, 1859. 2 vol. in-12, d.-rel. mar. vert., coins, tête dor., ébarb.

Ex. en papier fort.

118. — **Littré** (E.). Dictionnaire de la langue française. Paris, Hachette, 1863-81 (et supplément). Ensemble 5 vol. in-4°, d.-rel. chagr. vert, tête dorée, n. rogné.

119. — **Louis XI**. Les dix dizaines des cent nouvelles nouvelles réimprimées avec notice, notes et glossaire p. Paul Lacroix. Paris, Jouaust, 1873. 10 vol. pet. in-8°, (fig.).

Gr. pap. Holl. Eaux-fortes de Jules Garnier.

120. — **Maistre** (Xavier de). Voyages autour de ma chambre. A Paris, chez Antoine-Augustin Renouard. MDCCCXIV. 1 vol. pet. in-8° rel. veau f. gaufré, filets et dent., tr. dorée.

Exempl. n° xxx sur papier jonquille. Cette édition n'a été faite en tout qu'à 30 ex. pour le commerce dont 10 sur vélin et 20 sur papier jonquille, en plus 5 « exigés par la loi » sur papier blanc ordinaire.

121. — **Malfilatre**. OEuvres, nouvelle édition. Paris, Collin de Plancy, éditeur, 1822. 1 vol. in-12, d.-rel. mar. vert, coins, tête dorée, non rogné avec **port.** et fig. en double état, noir et sépia.

122. — **Malherbe** (M. de). Poésies avec les observations de M. Ménage (et un discours sur les œuvres de Malherbe par Godeau). Paris, Thomas Iolli, 1666. 1 vol. in-8°, rel. mar. rouge jans., dent. int., tr. dorée (*Capé*).

Première édition publiée avec les observations de Ménage ; le discours de Godeau ne se trouve pas dans la seconde édition.

123. — Malherbe. Poésies suivies d'un choix de ses lettres, édition nouvelle avec des variantes et des notes. Paris, Janet-Cotelle, 1822. 1 vol. in-8°, rel. mar. violet, entrelacs sur les plats, dos orné, tr. dorée (*Thouvenin*).

Curieuse reliure.

124. — Manne (de) et **Menetrier**. Galerie historique des comédiens de la troupe de Nicolet ; notices sur certains acteurs et mimes qui se sont fait un nom dans les annales des scènes secondaires depuis 1760 jusqu'à nos jours avec des port. à l'eau forte p. Hillemacher. Lyon, Scheuring (imp. Perrin), 1869. 1 vol. in-8°, rel. mar. vert, filets, dos orné, dent. int., tr. dorée (port.) (*Allô*).

125. — Manne (E. de) et C. **Menetrier**. Galerie historique de la Comédie française pour servir de complément à la troupe de Talma, avec port. à l'eau forte p. Fugère. Lyon, Scheuring, 1876. in-8°, br. (port.).

126. — Marot (Clément), de Cahors, valet de chambre du roy. Œuvres reveües et augmentées de nouveau. La Haye, Adr. Moetjens, 1700. 2 vol. pet. in-12, rel. mar. rouge, filets et petits fers sur les plats, tr. dorée, reliure signée *Artaud à Lyon* (*rel. anc.*).

127. — Marot (Clément). Œuvres complètes, nouv. édition, ornée d'un beau portrait et augmentée d'un essai sur la vie et les ouvrages de Cl. Marot, de notes historiques et critiques et d'un glossaire. Paris, Rapilly, 1824. 3 vol. in-8°, d.-r. v. bl., n. r. (*Kœhler*), port. sur Chine.

128. — **Michel** (Francisque). Rabelais analysé ou explication de 76 figures gravées pour ses œuvres par les meilleurs artistes du siècle dernier, augmentée de l'ancienne clef et de celle de Le Motteux. Paris, Barba, 1830. 1 vol. in-8°, rel. v. f., fil. dent. int., t. d., n. r. Ottmann Duplannil (grav.).

Les fig. reproduites sont celles de l'édition de Bastien.

129. — Mille et une nuits (Les), contes arabes traduits en françois par Galland, édition revue et augmentée par Destains, avec notice historique par Ch. Nodier. Paris, Galliot, 1822-1825. 6 vol. gr. in-8°, d.-r. mar. r. avec coins, n. r.

Exemplaire auquel on a ajouté des grav. de Marillier, de Westall, de David pour l'édition Pourrat, etc.; certaines avant la lettre ; certaines sur chine.

130. — Mille et un jours (Les). Contes orientaux, trad. du turc-persan et de l'arabe, par Pétis de la Croix, Galland, Cardonne, Chawis et Cazotte, etc., avec une notice p. Collin de Plancy, orné de dix belles gravures dess. et grav. p. nos premiers artistes. Paris, Rapilly, 1826. 3 vol. in-8°, d.-r. mar. vert, avec coins, t. d., n. r., grav. sur Chine.

10 grav. par Desenne, Deveria.

131. — **Molière**. Œuvres avec un commentaire, un discours préliminaire et une vie de Molière par Auger.

Paris, Desoer, imp. Didot, 1819-1815. 9 vol. in-8°, d.-r. mar. rouge, à longs grains, dos orné, n. r. (*Biholet*), fig. pap. vél.

17 fig. d'après Horace Vernet avant la lettre.

132. — **Molière** (J.-B. Poquelin de). Le théâtre collationné minutieusement sur les premières éditions et sur celles des années 1666, 1674 et 1682, orné de vignettes grav. à l'eau forte d'après plusieurs artistes, par Fred. Hillemacher. Lyon, Scheuring (impr. Perrin), 1864-1870. 8 vol. pet. in-8°, br.

Vignettes. — Pap. vergé. — Tiré à 400 exemplaires.

133. — **Molière**. Suite de 33 figures de Boucher. Port. et front. grav. à l'eau forte par Boilvin, Courty, Gaucherel, etc. Paris, Lemerre, 1874. En 1 cart. in-12.

134. — **Molière**. Cinquante vignettes, pour les œuvres de Molière, dessinées et gravées à l'eau forte par Valentin Foulquier; épreuves d'artistes tirées à cent exemplaires sur papier japon, gr. in-8°.

Exemplaire n° 34.

135. — **Molière**. Trente-quatre estampes pour les œuvres de Molière dessinées et gravées à l'eau forte par Lalauze; épreuves d'artiste tirées à 80 exemplaires sur japon. Paris, Morgand et Fatout, 1876. In-4°.

Exemplaire n° 67.

136. — **Montaigne** (Michel, seigneur de). Essais, nouv. édition faite sur les plus anciennes et les plus correctes, augmentée de quelques lettres de l'auteur

avec de courtes remarques, et de nouveaux indices plus amples et plus utiles que ceux qui avaient paru jusqu'ici, par Pierre Coste. Londres, imp. Tonson et Watts, 1724. 3 vol. in-4°, rel. mar. rouge, filets, tr. dorée, port. de Genest grav. p. Chereau.

Bel exemplaire.

137. — **Montesquieu**. OEuvres complètes avec des notes d'Helvétius sur l'Esprit des lois. Paris, Didot, 1795. 12 vol. in-8°, rel. bas.

138. — **Noriac** (Jules) [**Cairon**]. Le 101ᵉ régiment, illustré par Armand-Dumarescq, G. Janet, Pelcoq, Morin et Deuxétoiles. Paris, Libr. nouvelle, A. Bourdilliat et Cⁱᵉ, 1860. 1 vol. in-8°, d.-r. mar. br., tête dorée, non rogné.

Un des 45 ex. sur vélin.

139. — **Ossian**, barde du troisième siècle. Poésies galliques en vers français; par *P.-L.-M. Baour-Lormian*, 4ᵉ édition. A Paris, Louis Janet (imp. P. Didot), 1818. 1 vol. pet. in-8°, rel. veau bleu, dent., tr. dorée (*Ducastin*).

Avec 1 vign. et 5 fig.

140. — [**Richer** (L.)]. L'Ovide bouffon, avec les métamorphoses burlesques. A Paris, chez Toussainct et Qvinet, 1650. 1 vol. in-4°, rel. veau, fil.

141. — **Pétrarque**. OEuvres amoureuses traduites en français avec l'italien à côté par le sieur Placide Catanusi, docteur et professeur en droict et advocat au

Parlement. Paris, Estienne Loyson, 1669. 1 vol. in-12, rel. veau f., fil. sur les plats, dos orné, tr. dorée (*Lardière*), front.

142. — Rabelais. OEuvres. Édition variorum augmentée de pièces inédites des songes drolatiques de Pantagruel, avec un commentaire par Esmangart et Éloi Johanneau. Paris, Dalibon, 1823. 9 vol. in-8°, d.-rel. mar. et coins, n. rog. *rel. de Thouvenin.*

Exemplaire en grand papier vélin avec trois suites de figures sur chine, ordinaire et eaux-fortes avant la lettre, plus sept portraits différents, tous avant la lettre.

143. — Racine (J.). OEuvres complètes avec les notes de tous les commentateurs, 2ᵉ édition publ. par L. Aimé Martin. Paris, Lefèvre, 1822. 6 vol. in-8°, d.-r. mar. r., longs grains, n. r. (fig.), pap. vel.

Fig. de Proud'hon, Desenne, etc., avant la lettre.

144. — Racine (OEuvres). Suite de 1 port. et 12 grav. par Moreau le jeune, grav. par Simonet, pour illustrer l'édition Renouard.

145. — Regnier. OEuvres complètes, nouvelle édition avec le commentaire de Brossette publ. en 1729. Paris, Lequien, 1822. 1 vol in-8°, d.-r. mar. violet, longs grains, tr. dorée, n. r. (fig.)

Bel exemplaire auquel on a ajouté 5 portraits de Regnier par Boilly en triple état et deux autres sur chine p. Duponchel et Holbein et 25 vignettes ou portraits.

146. — Répertoire du théâtre françois ou recueil des tragédies et comédies restées au théâtre depuis Rotrou pour faire suite aux éditions de Corneille, etc., avec notice sur chaque auteur et l'examen de chaque pièce par Petitot, ensemble répertoire du troisième ordre. Paris, Foucault, 1817-1820. 33 vol. in-8°, d.-r., n. r. (fig. et port.).

147. — **Robert** (A.-C.-M.). Fables inédites des xiie, xiiie et xive siècles et fables de La Fontaine rapprochées de celles de tous les auteurs, etc. Paris, Cabin, 1825. 2 vol. rel. bas., fil. (port. et grav. et fac-similes).

148. — Roman du Renart (Le), publié d'après les manuscrits de la Bibliothèque du roi, des xiiie, xive et xve siècles, par Méon et supplément par Chabaille. Paris, 1826-1835. 5 vol. in-8°, dos et coins de mar., tr. dorée, n. rog.

Exemplaire en grand papier vélin avec les suites de figures avant la lettre et les eaux-fortes.

149. — **Rousseau** (J.-B.). Œuvres, nouv. édition avec un commentaire historique et littéraire précédé d'un nouvel essai sur la vie et les écrits de l'auteur. Paris, Lefèvre, 1820. 5 vol. in-8°, d.-r. mar. lavall. avec coins, tr. dorée, n. r. (*David*), fig.

Portraits ajoutés. Frontispices aux épîtres et allégories. Gravures pour le théâtre, les odes, cantates, etc. Epreuves avant la lettre, quelques-unes sur chine.

150. — **Satyre Menippée**. De la vertu du catholicon d'Espagne, et de la tenue des estats de Paris à laquelle est adjouté un discours sur l'interprétation du mot de Higuiero d'Infierno et qui en est l'autheur plus

le regret etc. avec des remarques et des explications des endroits difficiles. Ratisbonne, Mathias Kerner, 1664. 1 vol. in-12, rel. mar. rouge longs grains, fil., tr. dorée (*Courteval*), fig.

Se joint aux Elzévier. Sort des presses de Foppens.

151. — **Schiller**. OEuvres, traduction nouvelle par Regnier. Paris, 1868. 8 vol. in-8°, d.-rel. chagr., n. rog.

152. — **Scudery** (Mons. de), gouverneur de Notre-Dame de La Garde. Alaric ou Rome vaincüe poème héroïque dédié à la serenissime reyne de Suède. Paris, Aug. Courbé, 1656. 1 vol. in-12, rel. mar. vert jans., dent. int., tr. dorée (*Canape*), front., port. et fig.

Se joint aux Elzévier.

153. — **Séraphin** (feu). Histoire de ce spectacle depuis son origine jusqu'à sa disparition, 1776-1870. Lyon, Scheuring (imp. Perrin), 1875. In-8°, br.

Tiré à petit nombre, port. et vignettes par Hillemacher.

154. — **Terentii** (Publ.). Comœdiæ sex. Ex recensione Heinsiana. Amstelodami, ex. offic. Janssoniana, 1641. 1 vol. pet. in-12, rel. mar. olive, fil. à froid, tr. dorée.

155. — **Ullespiegel** (Tiel.). Histoire de la vie de Tiel Wlespiegel. Amsterdam, chez Pierre Marteau. 1 vol. pet. in-12, rel. veau, fil., tr. dorée (*Petit*, succ. de *Simier*).

156. —**Yriarte** (Ch.). Paris grotesque, les célébrités de la rue, Paris (1815 à 1863), illustrations par MM. L'Hernault, Lix, de Montault et Yriarte. Paris,

Dupray de la Mahérie, 1864. 1 vol. in-8°, d.-r. mar., tr. dorée, n. r. (front. et grav.).

---

157. — Évangiles des dimanches et fêtes illustrés par Barbat père et fils. Châlons-sur-Marne, impr. lith. Barbat, 1844. 1 vol. in-4°, rel. mar. brun doubl. de mar. rouge (jans.), tr. dorée.

Ce bel ouvrage est tiré sur papier bleu, en encre d'or et de couleur. Le texte est entouré de riches encadrements variés et orné de 2 pl.

158. — Imitation de Jésus-Christ, traduction nouvelle sur l'édition latine de 1764, revue sur huit manuscrits par l'abbé Valart. Paris (imp. Barbou), 1780. 1 vol. in-12, rel. mar. rouge, dent. sur les plats, tr. dorée, fig., *rel. anc.*

1 front. et fig. par Marillier.

159. — **Massillon**, évêque de Clermont. Petit carême, imprimé par ordre du roi pour l'éducation de monseigneur le Dauphin. Paris, imp. Didot aîné, 1789. 1 vol. in-4°, rel. mar. rouge (garde de tabis bleu ciel), tr. dorée, *rel. anc.*

160. — Office de saint Jacques le Majeur, apostre, nouvellement dressé pour l'église paroissiale de saint Jacques de la Boucherie selon le bréviaire de Paris. Paris, de Hansy, 1769. 1 vol. in-12, rel. mar. rouge, dent. sur les plats, tr. dorée (*rel. anc.*), fig.

161. — Passio Domini Jesu Christi neo-cœlatis ico-

nibus expressa. Oder Abbildung des bittern Leidens und
Sterbens, siegreicher Aüsserstehung von den Todten
und triumphirender Himmelfart J.-C. Augsburg, 1693.
1 vol. pet. in-4°, rel. mar. rouge jans., dent. int., tr.
dorée (*Hardy*).

Nombreuses fig. sur cuivre gravées par Christophe Weigel.

III

162. — Affections (les) de divers amants, les narrations d'amour de Plutarche. S. l. n. d. Paris, Coustelier, 1743. 1 vol. pet. in-8°, rel. veau, fil. tr. dorée.

Réimpression de la traduction de Parthenius de Nicée, par Jehan Fournier, édition donnée en 1555 par Vincent Sertenas.

163. — Amours des dames illustres de France sous le règne de Louis XIV. Cologne, P. Marteau, s. d. (vers 1720). 2 vol. pet. in- 12, front. et fig., rel. v. f.

Avec l'histoire amoureuse des Gaules et les maximes d'amour de Bussy-Rabutin on trouve dans ces volumes : Le Palais royal ou les amours de Mme de La Vallière, Les amours de Mademoiselle, de Mme de Bagneux-Brancas, Déroute et adieu des filles de joye, Passe-temps royal ou amours de Mlle de Fontanges, Maintenon, etc.

164. — Caquets (Les) de l'accouchée, nouvel. édit. revue sur les pièces originales et annotée par *M. Ed. Fournier*, avec introduct. par *M. Le Roux de Lincy*. Paris, Janet, 1855. 1 vol. in-12, d.-r. mar. br., coins, tête dorée, n. r.

165. — **Cholières** (S^r de). Les neuf matinées dédiées à monseigneur de Vendôme. Paris, Jean Richer, 1585. 1 vol. in-8°, rel. v. f.

166. — [**Dulaurent**]. L'Arretin moderne. Rome, aux depens de la congrégation de l'Index, 1783. 2 vol. in-12, rel. mar. r., fil., tr. dorée, dent. int.

167. — [**Folengo**]. Histoire macaronique de Merlin Coccaie, prototype de Rabelais, où est traicté les ruses de Cingar, les tours de Boccal, les aventures de Leonard, les farces de Fracasse, etc. Paris, Toussaincts du Bray, 1606. 2 vol. in-12, rel. v.

168. — **Du Tilliot** (M\ :sup), gentilhomme ordinaire de S. A. R. Mgr le duc de Berry. Mémoire pour servir à l'histoire de la fête des foux qui se faisait autrefois dans plusieurs églises. Lausanne et Genève, M. Michel Bousquet, 1741, 1 vol. in-4º, rel. v. f. (pl.)

Très grand de marges, 12 pl.

169. — France galante (La) ou histoires amoureuses de la Cour. Nouv. édition beaucoup augmentée. Cologne, P. Marteau, 1709, 1 vol. pet. in-12, rel. veau f., fil., dos orné, tr. dorée (*Closs.*), front. et fig.

Volume imprimé par Moetjens contenant : la France galante, Les vieilles amoureuses, Hist. de la maréchale de la Ferté, La France devenue Italienne avec les autres désordres de la Cour, etc.

170. — La France galante ou histoires amoureuses de la Cour sous le règne de Louis XIV. Cologne, P. Marteau. 2 vol. in-12, rel. v. f. (grav.).

Mêmes pièces que dans le précédent recueil.

171. — **Gros de Boze.** Le livre jaune contenant quelques conversations sur les Logomachies, c'est à dire sur les disputes de mots, abus des termes, contradictions, etc. Bâle, 1748. 1 vol. pet. in-8°, rel. mar. citron longs grains, dent. sur les plats, tr dorée (*Ducastin*), pap. jaune.

172. — Histoire (L') et les amours du duc de Guise, surnommé le Balafré. A Paris, chez la Veuve Mabre Cramoisi, 1695. 1 vol. pet. in-12, d.-r. mar. rouge.

Frontisp.

173. — Langage (Le) müet ou l'art de faire l'amour sans parler, sans écrire et sans se voir par le sieur D. L. C. A Middelbourg, chez Gilles Horthemels le jeune, 1688. 1 vol. pet. in-12, rel. mar. olive, fil. tr. dorée (armes sur les plats).

174. — **Larchey** (Lorédan). Les excentricités du langage, 5ᵉ édit. Paris, Dentu, 1865. 1 vol. in-12, br.

175. — **Leroux** (P.-J.). Dictionnaire comique, satyrique, critique, burlesque, libre et proverbial..... Nouvelle édition. A Pampelune, 1786. 2 vol. in-8°, rel. v. f., t. peigne.

176. — [**Leti Gregorio**]. Amours (les) de Messaline, cy-devant reine de lisle d'Albion, où sont découverts les secrets de l'imposture du prince de Galles, de la ligue avec la France et de quelques autres intrigues de la cour d'Angleterre, depuis ces quatre dernières années, par une personne de qualité, confidente de Messaline. 8ᵉ édit. A Cologne, chez Pierre Marteau, 1689. 1 vol. pet. in-12, rel. mar. vert, dent., tr. dorée.

177. — [**Mérard de Saint-Just** (S. P.)]. Occasion (L') et le moment, ou les petits riens, par un amateur sans prétention... A La Haye et se trouve à Paris, chez Jombert jeune, rue Dauphine, imp. de Didot l'aîné, 1781. 2 parties en 1 vol. pet. in-12, rel. mar. citron, fil., dent. int., tr. dorée (*Thouvenin*).

178. — [**Beroalde de Verville**]. Moyen de parvenir (Le), nouv. édit. corrigée de div. fautes qui n'y étoient point et augmentée de plusieure autres. Chinon, imp. deFrançois Rabelais. 2 vol. pet. in-12 allongé, rel. bas.

Exempl. de M. de Prangins. Jolie édition.

179. — [**Ollincan** (d')]. Traité des eunuques, dans lequel on explique toutes les différentes sortes d'eunuques, etc. S. l. à la sphère, 1707. 1 vol in-12, d.-r., mar. vert, avec coins, tr. dorée, n. r. (*Smeers*).

Livre dédié au savant Bayle et composé à l'occasion d'une consultation demandée à l'auteur sur la validité d'un mariage.

180. — [**Pierruges** (P.)]. Glossarium eroticum linguæ latinae sive theogoniae legum et morum nuptialum apud Romanos explanatio nova, etc. Parisiis, Dondey Dupré, 1826. 1 vol. in-8°, d.-r.

181. — Le pot de chambre cassé, tragédie pour rire ou comédie pour pleurer dédiée à un habitant de l'autre monde avec un discours, etc., par Enluminé de Métaphorinville, grand colifichetier de la fée Brillante. Ridiculomanie, chez Georges l'admirateur, rue de la Raison perdue, à l'enseigne de l'Antithèse, s. d., in-8°, rel. veau f., tr. dorée, fil. sur les plats.

182. — Récréations (Les) des Capucins, ou description historique de la vie que mènent les capucins pendant leurs récréations. A La Haye, aux dépens de la compagnie, 1738. 1 vol. pet. in-12, rel. mar. br. doublé de mar. rouge, fil., large dent. int., tr. dorée (*Girardet*).

183. — Recueil de quelques pièces nouvelles et galantes tant en prose qu'en vers dont les titres se trouveront après la préface. Cologne, Pierre du Marteau, (Louis et Daniel Elzévier, Amsterdam), 1663. 1 vol. in-12, rel. mar. r., fil. tr. dorée.

Voyage de l'isle d'amour. Voyage de MM. de Chapelle et de Bachaumont. Lettre sur le voyage de la cour vers la frontière d'Espagne. Relation du voyage du Roy à Nantes, 1661, etc.

184. — Recueil de quelques pièces nouvelles et galantes, tant en prose qu'en vers. A Cologne, chez Pierre du Marteau, (Amsterdam, Elzévier), 1684. 2 part. en 1 vol. pet. in-12, rel. mar. rouge, fil. tr. dorée (*rel. anc.*).

Haut : 128 mm.

185. — **Thiers** (J.-B.). Guerre (la) séraphique ou histoire des périls qu'a courus la barbe des Capucins par les violentes attaques des Cordeliers. On y a joint une dissertation sur l'inscrip. du grand portail de l'église des Cordeliers de Reims « Deo hominis et beato Francisco, utrique crucifixo ». A La Haye, par Pierre de Hondt, 1740. 1 vol. in-12, rel. veau f., fil, dos orné, tr. dorée (*Simier*).

IV

186. — Adonis (poème en prose de Fréron et Colbert). Londres, et se trouve à Paris, chez Musier fils, libraire, 1775. in-8°, cart. Bradel, n. r. (fig.).

1 front., fig avant la lettre et 1 vignette d'Eisen.

187. — [**Aleman** (Mathieu)]. Histoire de Guzman d'Alfarache nouvellement traduite et purgée des moralitez superflues par *M. Lesage*. Paris, Etienne Ganeau, 1732. 2 vol. in-12, rel. mar. r., fil., dos orné, dent. int., tr. dorée, *Petit* (fig.).

1 front. et 16 fig. gr. p. Scotin, édition originale de cette traduction.

188. — Almanach pour la présente année (1786) ou petit recueil d'estampes représentant la mythologie avec chansons analogues. Paris, Desnos (au frontispice *les Métamorphoses d'Ovide en chansons*), 1 vol. in-12, rel. mar. r., fil., tr. dorée.

1 front. par Desrais grav. par Patas et 52 figures à l'eau forte n. signées. Rare.

189. — Almanach royal, année commune, 1789. Paris, Debure. 1 vol. in-8°, rel. mar. r., fil., tr. dorée

Aux armes de Joly de Fleury.

190. — Almanach royal, année bissextile, 1792. Paris, Testu. 1 vol. in-8°, rel. mar rouge, tr. dorée.

Aux armes royales.

191. — **Anacréon, Sapho, Bion et Moschus,** traduction nouvelle en prose suivie de la Veillée des fêtes de Vénus et d'un choix de pièces de différents auteurs par Moutonnet-Clairfond. Paphos, et se trouve à Paris, Bastien, 1780. 1 vol. in-8°, rel. mar. bl. foncé, fil. dos orné, dent. int., tr. dorée (fig.) (*Smeers*).

2 fig. front. p. Eisen, 12 vignettes et 13 culs-de-lampes p. Eisen.

192. — **Anacréon**. Odes, inscriptions, épitaphes, épithalames et fragments, trad. en français avec des notes critiques et un discours préliminaire, par le citen Gail. Paris, imp. Didot aîné, 1794. 1 vol. in-8°, rel. mar. r., fil., tr. dorée (fig.).

4 fig. de Quéverdo, eaux-fortes et avant la lettre.

193. — **Arioste**. Orlando furioso di Lodovico Ariosto. Birmingham, Baskerville, 1773. 4 vol. gr. in-8°, rel. mar. vert, fil. dor., tr. dorée.

1 port. p. Eisen, 46 fig. p. Cipriani, Cochin, Eisen, Greuze, Monnet et Moreau.

194. — **Arioste** (L'). Roland furieux, poème héroïque avec figures, traduction nouvelle par le comte de Tressan. Paris, Laporte, s. d., 4 vol. in-4°, rel. veau f., filets (port. et fig.).

Grand de marges, port. par Eisen ; 46 fig. de Cochin avant la lettre. Le tome 4 contient un extrait du Roland amoureux et la fleur des batailles de Doolin.

195. — Batailles gagnées par. le S. P. Eugène de Savoye sur les ennemis de la foi et sur ceux de l'empereur, dépeintes et gravées en taille douce par le s^r Jean Huchtenburg, peintre très célèbre, à La Haye, avec des explications historiques par J. Dumont. La Haye, Pierre Gosse, 1725. 1 vol. in-f°, rel. veau.

Front. et fig.

196. — [**Beaumarchais** (De la Barre de)]. Le temple des muses orné de 40 tableaux où sont représentés les évènements les plus remarquables de l'antiquité fabuleuse, dessinés et gravés par B. Picart le Romain et autres habiles maîtres, accomp. d'explications et remarques. Amsterdam, Zacharie Châtelain, 1749. 1 vol. in-f°, rel. veau, tr. rouge.

60 fig. fleuron, vignette.

197. — [**Bénard** (ou plutôt **Bernard** J.-F.)]. Eloge de l'Enfer, ouvrage critique, historique et moral. La Haye, Pierre Gosse junior, 1759. 2 vol. in-12, rel. mar. vert, fil. à froid, petits fers aux angles, tr. dorée.

1 front. fleuron et vignette, 1 cul-de-lampe, 15 fig. par Sibelius.

198. — [**Bernard**]. Phrosine et Mélidore, poème en quatre chants. Messine et Paris, Lejay, 1772. 1 vol. in-8°, rel. mar. or, fil., dos orné. jolie dent. int., tr. dorée (*Allô*), fig.

Gr. pap., 4 fig. d'Eisen avant la lettre.

199. — [**Bernard** (J.-B.), libraire hollandois]. Gazette

de Cythère ou aventures galantes et récentes, arrivées dans les principales villes de l'Europe, trad. de l'anglais, à la fin de laquelle on a joint le précis historique de la vie de Mme la comtesse du Barry. Londres, 1774. 1 vol. in-8°, rel. mar. vert foncé, plats et dos ornés, n. r. (*Chambolle-Duru*).

Front. et port.

200. — **Bernard** (Gentil). OEuvres complètes. A Londres (Paris, Cazin), 1777, 1 vol. pet. in-12 ; rel. mar. rouge ; fil., tr. dorée.

Frontisp. par Marillier.

201. — **Bernard**. L'art d'aimer et poésies diverses. Paris, Didot jeune, 1795. 1 vol. in-8°, rel. mar. r., tr. dorée, pap. hol., fig.

7 fig. de Martini. Eisen.

202. — [**Bernis** (le comte de), de l'Académie française]. OEuvres complètes, dernière édition. Londres, (Paris, Cazin), 1777. 2 vol. pet. in-12, rel. mar. rouge, fil., tr. dorée.

1 Front. de Marillier.

203. — **Berquin**. Idylles. Paris, Ruault, 1775. 2 tomes en 1 vol. in-16, rel. v. rac. fil. sur les plats, tr. dorée (fig.).

1 front. et 24 fig. par Marillier.

204. — **Berquin**. Romances. Paris, Ruault. 1776. 1 vol. pet. in-8°, rel. v. rac., fil., tr. dorée, fig.

1 front. et 6 fig. par Marillier, 6 f. de musique gravée.

205. — [**Bièvre** (Mis de)]. Vercingétorix, tragédie, œuvre posthume du sieur de Bois-Flotté, étudiant en droit-fil, suivie de notes historiques de l'auteur. S. L., (Paris), 1770, in-8°, rel. v., fil. (front.).

206. — [**Billardon de Sauvigny**]. Poésies de Sapho suivies de différentes poésies dans le même genre. Amsterdam, 1777. 1 vol. in-18, rel. mar. r., fil., tr. dorée (port.).

207. — **Boccace** (Jean). Le Décaméron [traduit par Ant. Le Maçon]. Londres (Paris), 1757-1761. 5 vol. in-8°, rel. mar. rouge, dent. sur les plats, tr. dorée (*rel. anc.*), fig.

5 front. 1 port. 110 fig. et 97 vignettes et culs-de-lampe de Gravelot, Eisen, Cochin, Boucher, gravés par Baquoy, Lemire, Saint-Aubin, etc. Exemplaire en grand papier.

208. — **Boileau Despréaux**. OEuvres, nouv. édit. avec des éclaircissements historiques donnés par lui-même et rédigés par Brossette, augmentée de plusieurs pièces, etc., tant de l'auteur qu'ayant rapport à ses ouvrages, avec des remarques et des dissertations critiques, par M. de Saint-Marc. Paris, David, 1747, 5 vol. in-8°, rel. mar. rouge à longs grains, fil. dent. sur les plats, dos orné (*Bozerian*).

Figures et vignettes en tête, par Eisen et Cochin. Portraits ajoutés et suite des 6 fig. de Moreau jeune pour le Lutrin en double état, *avant la lettre et eaux-fortes*.

209. — **Boileau-Despréaux**. Le Lutrin, poème

héroï-comique, traduit en vers latins par Bonnecorse, Paris, Nyon, 1780. In-8°, rel. v., fig.

1 port. grav. par Daulé, 6 fig. non signées.

210. — **Boufflers** (le chevalier de). Œuvres, seconde édition complète. A Paris, chez Briand, libraire (imprimé par Didot le jeune), 1817. 3 vol. in-24, rel. v. f., fil., tr. peigne. (*Simier*).

16 grav. de Marillier et Duprcel et un portr. par Hil. Ledru et Gaucher.

211. — Cantiques et Pots-pourris. Londres (Paris, Cazin), 1789. 6 parties en 1 vol. in-18°, rel. mar. rouge, fil. tr. dorée, fig. (*rel. anc.*).

1 curieux front., 6 jolies fig. par Borel. Les 6 parties sont: La chaste Suzanne, David et Bethsabée, la chasteté de Joseph, Judith, Agnès Sorel, la Pucelle d'Orléans.

212. — **Catulle, Tibulle et Gallus**. Traduction en prose par l'auteur des Soirées helvétiennes et des tableaux [Marquis de Pesai ou David, 1ᵉʳ secrétaire du prince de Montbarey]. Amsterdam, et se trouve à Paris, chez Delalain, 1771. 2 vol. in-8°, rel. mar. cit., tr. dorée.

Front. grav. par Eisen pour chaque tome, pap. hol.

213. — Éditions **Cazin**, Londres, Genève, etc., rel. v. écaille, tr. dorée. — Marivaux, Vie de Marianne, 1782, 4 vol., fig. — Crébillon, Œuvres, 1785, 3 vol., port. — Gueulette, Mémoires de Mademoiselle de Bontems, 1781, 2 vol. — Stern, Vie et opinions de Tristram Shandy, trad. Frénais, 1784, 4 vol., fig. — Nouvelles lettres angloises ou histoire du chevalier Grandisson, 1786, 6 vol., fig. — Richardson, Lettres anglaises ou Histoire de Miss Clarisse Harlowe, 1784, 11 vol., fig. — Molière, OEuvres, 1784, 7 vol., port. — Voltaire, La Pucelle, 1780, 2 vol., fig. — Les amours d'Ismène et d'Isménias, 1783, 1 vol., fig. — Gresset, OEuvres, 1779, 2 vol., fig. — Montesquieu, OEuvres, 1777, 4 vol., front. — Malherbe, poésies, 1777, 1 vol., port. — La Farre, poésies, 1777, 1 vol., front. — Parny, OEuvres complètes, 1778, 2 vol., fig. — Sauvigny, Les après soupers de la société, petit théâtre lyrique et moral, Paris, Didot, 1782-1783, 24 p^{ies} en 6 vol. fr. et fig. — Choderlos de Laclos, Les liaisons dangereuses, 1782, 4 vol. — Longfellow, Le ministre de Wakefield, 1781, 2 vol. — Voltaire, Vie de V. p. Condorcet, la Henriade, pièces, contes, poèmes et épîtres, 1779-1780, 6 vol., port. — Goethe, Passions du jeune Werther, 1784, 1 vol. — La Fontaine, Grécourt, Piron, Contes et nouvelles, 1778, 4 vol., fig. — De Foë, La vie et les aventures surprenantes de Robinson Crusoé, 1784, 4 vol., fig. — Fénelon, Aventures de Télémaque, 1791, 3 vol., portr. — Cécilia ou mémoires d'une héritière, trad. de l'Anglais, 1784, 4 vol. — Sterne, Voyage sentimental en France, trad. par Frénais, 1784, 2 vol., front. — Vernes le fils, Le voyageur sentimental ou ma promenade à Yverdun, 1786, 1 vol., fig. — Piron, OEuvres choisies, 1782, 3 vol. — La Fontaine, Les amours de Psyché et Cupidon, 1782, 1 vol., front. — Mme D., Les contes des fées, 1782, 6 vol. — Le Grelot, 1781, 1 vol. — La nuit et le

moment, 1781, 1 vol. — Prévost, Histoire du chevalier
Des Grieux et de Manon Lescaut, 1782, 2 vol. — Les
égarements de Julie, 1782, 2 vol. — Regnier, Œuvres,
1780, 2 vol., port. — La Fontaine, Fables et Œuvres
choisies, 1780-1782, 3 vol., fig. — Regnard, Théâtre,
1784, 4 vol., port. — Racine, Œuvres, 1782, 3 vol.,
port., ensemble 115 vol. in-18, rel. v. éc.

214. — **Cervantes** (M. de). De voornaamste Geval-
len van den wonderlyken D'on Quichot, door den berœm
den Picart den Romein, en andere voornaame meesters...
na de... schilderyen van Coypel... Beschreeven op een'
vryen en vrolyken trant, door *Jacob Campo Weyer-*
man; ... en het Leeven van Cervantes. In's Haye, by
Pieter de Hondt, 1746. 1 vol. in-4º, d. rel. bas., non
rogné.

Avec fig. d'après Coypel.

215. — **Cervantès** (Michel de). Histoire de l'admirable Don Quichotte de la Manche, traduite de l'Espagnol ; Nouvelles, nouvelle édition augmentée de trois
nouvelles qui n'avoient point été traduites en françois ;
avec la vie de l'auteur. Amsterdam et Leipzig, Arkstée
et Merkus, 1768. Ensemble 8 vol. in-12, rel. mar. vert,
fil. tr. dorée, fig.

1 faux-titre gravé, 32 fig. de Coypel et fleurons sur les titres
pour Don Quichotte, 13 fig. de Folkema pour les nouvelles, 2
fleurons.

216. — **Cervantès** (Michel de). Nouvelles Espa-
gnoles, traduction nouvelle avec des notes ; par Lefebvre

de Villebrune. Paris, veuve Duchesne, 1778. 2 vol.
in-8°, rel. mar. vert, fil. et petits fers sur les palts, dos
orné, tr. dorée (*Petit*, succ. de *Simier*), fig.

12 fig. dessinées par Desrais, quelques-unes sont avant toute
lettre. Les 7 premières nouvelles ont un titre particulier, les 5
dernières seulement un faux-titre. Le libraire Defer-Demaison-
neuve a fait imprimer un faux-titre général à son nom daté de
1788.

217. — Chansons choisies avec les airs notés. Genève,
1782. 3 vol. pet. in-12, rel. mar. r., fil., tr. dorée.

1 front.

218. — **Chapelle et Bachaumont**. Voyage, suivi
de quelques autres voyages dans le même genre. A
Genève, 1787. 1 vol. pet. in-12, rel. mar. rouge, fil. tr.
dorée (*rel. anc.*).

Front. de Marillier.

219. — **Chaulieu**. OEuvres d'après les manuscrits
de l'auteur. La Haye, Gosse junior (Cazin), 1777. 2 vol.
in-18, rel. mar. r., fil., tr. dorée, port., *rel. anc.*

220. — Choix de poésies traduites du grec, du latin
et de l'italien, contenant la Pancharis de Bonnefons, les
baisers de Jean Second, ceux de Jean Vander-Dœs, des
morceaux de l'anthologie..., par M. E. T. S. D. T. A
Londres, 1786. 2 vol. pet. in-12, rel. mar. vert, fil. et
fleurons, dent. intér., tr. dorée et ciselée (*Debès*).

Front. et fig., par Lebarbier, Marillier, Choffard, Borel, etc.
Quelques-unes avant la sign. sur chine. Notre exemplaire est de
plus orné de culs-de-lampes exécutés très finement en couleur et
à la main.

4

221. — **Corneille** (P.). Théâtre avec des commentaires et autres morceaux intéressants, nouvelle édition augmentée. S. L., 1776. 10 vol. in-8°, rel. mar. r., fil., petits fers aux angles, tr. dorée (*rel. anc.*).

Front. et fig.

222. — **Corneille** (Pierre et Thomas). Chefs-d'œuvre dramatiques avec le jugement des savans à la suite de chaque pièce. Londres, Cazin, 1783. 5 vol. in-18, rel. mar. r., fil., tr. dorée (*rel. anc.*).

Port. de Pierre et Thomas.

223. — **Crébillon** fils. Tanzaï et Néadamé, Histoire japonaise. Pékin, Lou-chou-chu-la, 1740. 2 vol. in-18, rel. mar. r., fil., tr. dorée, (*rel. anc.*), front., fig.

1 fleuron gravé, 5 fig.

224. — **Crébillon** fils. OEuvres complètes, nouvelle édition revue et corrigée. Maestricht, chez Jean-Edme Dufour et Phil. Roux, 1779. 11 vol. in-12, rel. pleine, mar. rouge, jansén., dent. intér., tr. dorée (*Hardy*).

Avec un joli portr. médaillon.

225. — **Crébillon**. OEuvres, édition ornée de figures dessinées par *Peyron* et gravées sous sa direction. Paris, 1797, Maillard, impr. Didot jeune. 2 vol. in-8°, rel. mar. rouge, longs grains, dos orné, dent. sur les plats, tr. dorée, doublée de moire (*Bozerian jeune*).

Gravures en double état avant la lettre, et eaux-fortes.

226. — **De Lille** (l'abbé). Les jardins ou l'art d'embellir les paysages. Paris, Valade et Cazin, libraires à Rheims, 1782. 1 vol. in-12, rel. mar. r., fil.

Titre grav. avec vign. par Laurent, et 1 fig. par Cochin.

227. — Delille (Jacques). La Pitié, poème. Paris, Giguet et Michaud, 1803. 1 vol. in-4°, cart. n. rogné.

Exemplaire en gr. pap. hol. — 1 front. et 4 fig. de Monsiau, grav. par Anselin. Exemplaire donné à Pirault Deschaumes par S. Chéron, avec des stances autographes composées à cette intention et une lettre du 6 juin 1815, signée E. Chéron.

228. — Demoustier (C.-A.). Lettres à Émilie sur la mythologie. A Paris, chez Ant.-Aug. Renouard, 1809. 6 parties en 3 vol. in-24, rel. bas. rac., tr. dorée (*Rosa*).

Port. grav. par Gaucher, d'après Ducreux, et 36 fig. par Moreau, grav. par Trière, Sillerey, Delvaux, de Ghendt, Simonet.

229. — Descamps (J.-B.). Voyage pittoresque de la Flandre et du Brabant, avec des réflexions relativement aux arts et quelques gravures. Paris, Desaint, 1769. 1 vol. in-8°, rel. v., tr. rouge, carte et fig.

Complément de Descamps, histoire des peintres flamands, qui manque à beaucoup d'exemplaires.

230. — [Desfontaines]. Les bains de Diane ou le triomphe de l'amour, poème. Paris, Costard, 1770; ensemble le faux Ibrahim, conte arabe. 1 vol. in-8°, rel. v., tr. rouge, fig.

Titre par Marillier, grav. par de Ghendt, 3 fig. par Marillier, grav. par Massard, Ponce. 1 fig. par Marillier pour le faux Ibrahim.

231. — Deshoulières (Mme et Mlle). OEuvres choi-

sies. A Genève, Cazin, 1777. 1 vol. pet. in-12, rel. v. f..
fil., tr. dorée, (*rel. anc*).

Très joli portrait-front., gr. par Delaunay, d'après Sophie Chéron.

232. — Des Périers (Bonaventure). Contes et nouvelles et joyeux devis. A Amsterdam, chez Jean Frédéric Bernard, 1711. 2 vol. pet. in-12, rel. mar. vert, fil., tr. dorée, (*rel. anc.*).

Front. grav.

233. — Des Périers (Bonaventure). Cymbalum mundi, ou Dialogues satyriques sur différents sujets.... avec une Lettre critique dans laquelle on fait l'histoire, l'analyse et l'apologie de cet ouvrage, par *Prosper Marchand*, libraire. A Amsterdam, chez Prosper Marchand, 1711. 1 vol. pet. in-12, rel. mar. vert, fil. tr. dorée (*re¹. anc.*).

Avec 1 front. et 4 fig., par B. Picart.

234. — [Diderot]. Œuvres philosophiques, *Les bijoux indiscrets*. Amsterdam, Marc Michel Rey, 1772. 1 vol. in-8°, d.-r. chag. bleu, t. d., n. r., fig. (*Smeers*).

1 front. fleuron et 6 fig. non signées.

235. — Dingé (L.-A.). Discours sur l'histoire de France. Paris, impr. de Monsieur, 1790. 1 vol. in-4°, d.-r. mar. r., avec coins, t. d., n. r., fig.

Orné de 164 fig. de Moreau, avec texte gravé, jolies épreuves, cartes et front. gravés.

236. — [Dionis Duséjour]. Origine des grâces. Paris, 1777. In-8°, rel. v. rac., tr. rouge, fig.

6 fig. de Cochin.

237. — [**Dorat**]. Réponse de Valcour à Zeïla, précédée d'une lettre de l'auteur à une femme qu'il ne connaît pas. Paris, Sébastien Jorry, 1766. 1 vol. in-8°, rel. mar. bleu, fil., dos orné, jolie dent. int., tr. dorée (*Allô*), fig., gr. pap.

1 fig., 1 vignette et 1 cul-de-lampe par Eisen.

238. — [**Dorat**]. Irza et Marsis ou l'isle merveilleuse, poème en deux chants suivi d'Alphonse, conte, les Cerises, Selim et Selima, seconde édition. La Haye et Paris, Delalain, 1769. 1 vol. in-8°, rel. mar. carmin, fil., dos orné, dent. int., animaux jouant dans une guirlande de pampres, tr. dorée (*Allô*). fig., gr. pap. (*rel anc.*).

1 front., 3 fig., 2 vignettes et 2 culs-de-lampe par Eisen, 2 fig. pour les Cerises et Sélim.

239. — [**Dorat**]. Fables nouvelles. A La Haye, et se trouve à Paris, chez Delalain, rue de la Comédie-Française, 1773. 2 tomes en 1 vol. in-8°, rel. mar. rouge, fil. doré, tr. dorée, fig., gr. pap.

2 front., 1 fig., 1 fleuron, 99 culs-de-lampe et vignettes par Marillier. Un des plus jolis volumes du XVIII siècle.

240. — [**Dorat**]. Les baisers, suivis du mois de mai, poème. Genève (Cazin), 1777. 1 vol. in-18, rel. mar. r., fil., tr. dorée, front.

241. — **Du Laurens.** La chandelle d'Arras, poème en XVIII chants, nouvelle édition, précédée d'une notice sur la vie et les ouvrages de l'auteur, et ornée de 19 planches. Paris, Egasse..., 1807. 1 vol. in-12, d.-rel. mar. citron, coins, tête dorée, n. rogn. (*Amand*).

1 frontisp. et 18 fig. par Desrais, grav. par Tassaert.

242. — [**Du Rosoi**]. Les sens, poème en six chants. Londres (Paris), 1766. 1 vol. in-8°, rel. mar. carn in, fil., dos orné, jolie dent. int., tr. dorée (*Allô*), fig.

7 fig. de Eisen et Wille, 2 culs-de-lampe.

243. — **Erasme**. L'éloge de la folie, traduit du latin.... par M. Gueudeville, nouvelle édition revue et corrigée sur le texte de l'édition de Basle, ornée de nouvelles figures, avec des notes, 1751. 1 vol. pet. in-4°, rel. mar. rouge jans., dent. intér., tr. dorée (*Petit*).

Ex. exceptionnel en très grand papier, avec frontisp. et fig. d'Eisen, avant la lettre, plus la suite des fig. de Holbein et 3 titres frontisp. non signés. Le frontisp. d'Eisen et le titre ci-dessus ont seuls la justification d'un in-4°, le texte a celle d'un in-12.

244. — **Esope**. Fables choisies mises en chansons avec figures dessinées et gravées par *M. Chevalier*. A Samos et se trouve à Paris, chez Méquignon jeune, 1780. 1 vol. in-24, rel. mar. r. (*rel. anc.*).

1 frontispice plié, 60 vignettes à mi-page.

245. — Etat actuel de la musique du roi et des trois spectacles de Paris. Paris, Vente, 1773. Pet. in-12, rel. mar. r., fil., tr. dorée.

1 titre grav. par Moreau, 1 front. et 4 fig. par Marillier, grav. par Baron. Cette année 1773 contient en plus 1 port. de Mme Favart.

246. — **Fénelon**. Les aventures de Télémaque. Paris, imp. de Monsieur, 1785. 2 vol. in-4° rel. mar. rouge, fil., tr. dorée (*rel. anc.*), tit., grav., fig.

24 fig. à la manière noire de Moitte?

247. — **Fénelon** (Franc. Salignac de La Mothe). Les aventures de Télémaque, fils d'Ulysse. Paris, imp. Didot aîné, 1796. 4 vol. in-12, rel. mar. rouge à longs grains, dent sur les plats, dos orné à l'antique doublé de tabis, tr. dorée (*Mairet*), fig.

Exemplaire sur pap. vélin avec 1 port. par Vivien gr. p. Gaucher et la suite des grav. de Queverdo et de Lefèvre avant la lettre, belles épreuves.

248. — **Foë** (Daniel de). La vie et les aventures de Robinson Crusoé, traduction revue et corrigée sur la belle édition donnée par M. Stockdale en 1790, augmentée de la vie de l'auteur, qui n'avait pas encore paru... A Paris, chez H. Verdière (imp. veuve Panckoucke) an VIII. 3 vol. in-8°, rel. veau br., plats ornés à froid, fil.

Avec fleurons gr. aux titres, un portrait et 18 fig., par Delignon d'après Stothart.

249. — **Fontenelle**. OEuvres diverses, nouvelle édition. A La Haye, chez Gosse et Néaulme, 1728-29 3 vol. in-fol., d.-r. veau.

6 grandes fig., fleurons et vignettes, par B. Picart le Romain.

250. — **Fromaget**. Le Cousin de Mahomet. A Constantinople, Paris, 1781. 2 vol. in-18, rel. mar. r., fil., tr. dorée (*rel. anc*).

Avec 6 grav.

251. — **Gessner** (Salomon). OEuvres complètes ; s. l. n. d. (Cazin, 1780). 3 vol. pet. in-12, rel. mar. r., fil. tr. dorée (*rel. anc.*).

Port. médaillon par Delvaux, titre et charmantes fig. de Marillier.

252. — **Gessner** (Salomon). Œuvres. Paris (1786). 3 vol. in-4°, rel. mar. rouge, longs grains, tr. dorée, front. et fig.

Titres gravés, fig. et culs-de-lampe de Le Barbier, d'une très remarquable exécution.

253. — **Gessner** (Salomon). Œuvres. Suite de 72 figures, 3 titres, 3 frontispices et portrait par Le Barbier, grav. par Allix, Baquoy, etc., pour illustrer l'édition Barrois, 1786 ; avec lettres.

254. — **Gessner** (Salomon). Œuvres. Paris, Bossange Masson, 1797. 3 vol. in-8°, rel. v. vert, fil. et dent. à froid, tr. dorée (fig.).

255. — **Gessner** (Salomon). Œuvres. Paris, Renouard (imp. Crapelet), 1779. 4 vol. in-8°, rel. mar. rouge, fil., tr. dorée (*Smeers*), fig.

3 port. et très jolies figures de Moreau en double état avant et après la lettre.

256. — **Gessner**. Œuvres de Gessner. A Paris, chez Dufart, imprimeur-libraire. 2 vol. gr. in-8°, rel. mosaïque mar. r. et vert, fil., dent. int., dos orné, tr. dorée, doubl. de tabis rose (*rel. anc.*).

Avec portr. titres par Marillier et fig. par Monnet.

257. — [**Gobet** (Nic.)]. Sacre et couronnement de Louis XVI... à Rheims, le 11 juin 1775, précédé de recherches sur le sacre des rois de France, depuis Clovis jusqu'à Louis XV, et suivi d'un journal historique de ce qui s'est passé à cette auguste cérémonie... (par l'abbé Th.-J. Pichon). A Paris, chez Vente et chez

Patas, 1775. 1 vol. in-4º, rel. mar. bleu, fil., dent. int., tr. dorée (*Smeers*).

Nombreuses pl. en taille douce gravées par Patas, fort jolies.

258. — [**Godard de Beauchamps**]. Amours (Les) d'Ismène et d'Ismenias, suivis de ceux d'Abrocome et d'Anthia. A Genève, 1782. 1 vol. pet. in-18, rel. mar. rouge, fil., dos orné, tr. dorée (*rel. anc.*).

Front. de Marillier grav. par de Launay.

259. — **Gorjy**. Victorine par l'auteur de Blançay, etc., dédié à Mᵐᵉ la comtesse d'Artois. Paris, 1789. 2 vol. pet. in-12, rel. mar. vert., fil. dor., tr. dorée (*aux armes*).

2 fig.

260. — **Graffigny** (Mᵐᵉ de). Lettres d'une Péruvienne, nouv. édition augmentée d'une suite qui n'a point encore été imprimée. A Paris, de l'impirmerie (*sic*) de Didot aîné, 1797. 2 vol. in-12, rel. mar. cit. longs grains, fil. sur les plats, tr. dorée (fig.).

Port. grav. par de Launay et 8 fig. par Lefebvre, grav. par Coiny en 2 états avant la lettre et eaux-fortes; le portrait est avant la lettre mais sans l'eau-forte.

261. — **Graffigny** (Mᵐᵉ de). Lettres d'une Péruvienne, traduites du français en italien, par M. Deodati, édition ornée, etc. Paris, chez l'éditeur, imp. de Migneret, 1797. 1 vol. in-8º, rel. mar. rouge, fil., tr. dorée (fig.) pap. fort.

Port. de l'auteur par Gaucher et 6 fig. de Le Barbier; fig. avant la lettre.

262. — **Grécourt** (M. de). OEuvres diverses, nouv. édition augmentée du Philotamus, de la bibliothèque des damnés, etc. Londres (Paris, Cazin), 1780. 4 vol. in-8°, rel. mar. r., fil., tr. dorée (fig.) (*rel. anc.*).

263. — **Gresset**. OEuvres choisies, édition ornée de figures en taille douce, dessinées par Moreau le jeune. Paris, imp. Didot jeune, 1794. 1 vol. in-18, rel. mar. r., longs grains, fil. sur les plats, doubl. de tabis, tr. dorée (fig.).

Les 6 jolies fig. de Moreau sont en double état avant et après la lettre.

264. — **Gresset**. OEuvres. Paris, Ant.-Aug. Renouard, 1811, imp. Didot aîné. 2 vol. in-8°, rel. veau fauve, dent. sur les plats, dos orné (*Simier R. du roi*), tr. dorée (fig.).

1 port. non signé, 8 fig. par Moreau; à la fin du tome II se trouve le Parrain Magnifique, avec la date 1810.

265. — [**Hénaut** (Président)]. Nouvel abrégé chronologique de l'histoire de France, 4e édition. Paris, Prault, 1752. 1 vol. in-4°, rel. veau.

Vignettes et culs-de-lampe.

266. — Heptaméron français, les nouvelles de Marguerite, reine de Navarre. Berne, chez la nouvelle société typographique, 1780-1781. 3 vol. in-8°, rel. mar. rouge, fil. dorés, fers à froid sur les plats, tr. dorée. (*Thouvenin*).

1 front. par Duncker, grav. par Eichler; 73 fig. par Freudenberg, grav. par Guttenberg, Halbou, etc.; 72 vignettes et 72 culs-de-

lampe par Duncker, grav. par lui-même, Eichler, Pillet et Richter.
Exemplaires assez grand de marges. Les numéros d'ordre des
figures du 3e volume sont conservés sauf à une ou deux où ils ont
été légèrement atteints.

267. — Hermilly (d') et **Hurtaut**. Iconologie historique des souverains de France, ouvrage indispensable pour l'étude de l'histoire, où se trouvent tant en estampes qu'en discours les évènements les plus mémorables de chaque règne, par M. Paris, chez le sieur Desnos, s. d. 1 vol. in-32, rel. mar. r., fil., tr. dorée (fig.).

1 front. 29 fig. par Fossier.

268. — Histoire des campagnes du roy, dédié à Sa Majesté; les campagnes de Louis XV le Bien Aimé représentées par des figures allégoriques avec une explication historique. Paris, chez l'auteur, rue Saint-Honoré, 1751. 1 vol. in-4°, rel. v., tr. dorée (fig.).

Titre gravé, front., 45 pl. avec écusson en tête et le texte au dessous, grav. par *A. Gosmond de Vernon*.

269. — Iconologie par figures ou traité complet des allégories, emblèmes, etc.; ouvrage utile aux artistes, aux amateurs et pouvant servir à l'éducation des jeunes personnes, par Gravelot et Cochin. Paris, chez Le Pan, rue Saint-Guillaume (1789). 4 vol. in-8°, rel. bas. (fig.).

Titre et front. grav. par Choffard, de Ghendt, Legrand, et 204 jolies fig. par Gravelot et Cochin.

270. — Imbert. Le jugement de Pâris, poème en IV chants, suivi d'œuvres mêlées, nouv. édition corrigée

et augmentée. Amsterdam, 1774. 1 vol. in-8º, rel. mar.
bleu, fil., dos orné, dent. int., tr. dorée (*Allô*), fig.

Titre gravé par Moreau; 4 fig. par Moreau et 4 vignettes par
Choffard.

271. — [**Julien** (J.-A.), *Desboulmiers.*] Honny soit
qui mal y pense ou histoires des filles célèbres du
xviiie siècle. Londres, 1786. 2 parties en 1 vol. pet.
in-8º, rel. janséniste mar. lavall., tr. dorée, n. r., dent.
int. (*Guyls*).

272. — [**Bastide** (J.-F.)] Le tribunal de l'amour
ou les causes célèbres de Cythère, par le chevalier de
La B***. A Cythère, 1749. 2 parties en 1 vol. in-8º, rel.
v. f., tr. rouge.

2 front. grav.

273. **La Borde** (de), premier valet de chambre ordinaire du roi, gouverneur du Louvre. Choix de chansons
mises en musique, ornées d'estampes, par J.-M. Moreau,
dédiées à madame la Dauphine. Paris, chez de Lormel.
1773. 4 tomes en 2 vol. in-8º, rel. mar. rouge, tr. dorée
et ciselée (*rel. anc.*).

1 titre gravé avec fleuron par Moreau; 4 front. par Moreau, Le
Bouteux et Le Barbier; 100 fig. par Moreau, Le Barbier, Le Bou-
teux et Saint Quentin; texte et musique grav. par Moria et
Mlle Vendôme.

274. — **La Borde** (de). Mémoires historiques sur
Raoul de Coucy. Paris, Ph. Pierres, 1781. 2 tomes en
1 vol. in-18, rel. mar. r., fil., tr. dorée (fig.) (*rel. anc.*).

3 port., 1 fig. et 12 pages de musique gravée.

275. — **La Farre** (le marquis de). Poésies. Genève (Paris, Cazin), 1777. 1 vol. in-18, rel. mar. r., fil. tr. dorée, (*rel. anc.*).

Front. de Marillier.

276. — **La Fontaine** (J. de). Fables choisies mises en vers. Paris, Desaint, Saillant et Durand, 1755-1759. 4 vol. in-f°, rel. mar. rouge, fil., dent. sur les plats, dos orné, tr. dorée, *fig. de J.-B. Oudry* (*rel. anc.*).

Exemplaire en grand papier ; très belles épreuves ; la figure du singe et du léopard est avant l'inscription.

277. — **La Fontaine** (J. de). Fables choisies mises en vers, nouv. édition gravée en taille douce, les figures par le sieur Fessard, le texte par le sieur Montulay, dédiées aux enfants de France. Paris, chez l'auteur, 1765-1775. 6 vol. in-8°, rel. v. f., fil. dorés, tr. dorée.

250 fig., titres et front. et 450 vignettes et culs-de-lampe, par Bardin, Bidault, Caresme, Desrais, etc. ; exemplaire du premier tirage.

278. — **La Fontaine** (J. de). Fables, avec figures gravées par MM. Simon et Coiny. Paris, Bossange, Masson et Besson, an IV (1796 ère vulg.). 6 vol. rel. mar. à longs grains rouge, fil., tr. dorée.

279. — **La Fontaine** (J. de). Fabelen... in neder duitsche vaerzen. Te Amsterdam, en Harlingen, by Warnars, Allart en vander Plaats, 1803-1805. 14 vol. in-8°, carton.

Avec fig., dess. par Punt et Winkels d'après les planches d'Houdry (*sic*).

280. — **La Fontaine** (J. de). Contes et nouvelles en vers. Amsterdam, 1762. 2 vol. in-8°, rel. mar. r., fil., tr. dorée (*rel. anc.*).

Edition dite des Fermiers généraux illustrée par Eisen et Choffard. Le Cas de conscience et le Diable de Papefiguière sont découvertes.

281. — **La Fontaine** (Contes). Suite complète de 24 vignettes pour les contes, par *Desrais*, grav. par Deny.

Suite peu commune.

282. — **La Fontaine** (Contes). Suite complète de 95 vignettes d'après Monnet, Duplessis-Bertaux, Sergent, pour l'édition Cazin. Gr. in-8°.

Avant la lettre, ancien tirage.

283. — **La Fontaine** (Contes). Suite de 40 gravures d'après Monnet, Sergent, Desenne, Duplessis-Bertaux, Leroy, Colin, etc.

Avant la lettre. 8 vignettes sont avant la draperie.

284. — **La Fontaine** (Contes). 54 eaux-fortes d'après Desenne pour illustrer l'édition Nepveu.

285. — **La Fontaine** (J. de). Les amours de Psyché et de Cupidon, édition ornée de figures imprimées en couleurs, d'après les tableaux de M. Schall. Paris, Defer de Maisonneuve, imp. Didot jeune, 1791. 1 vol. in-4°, fig. rel. mar. rouge à longs grains, fil., tr. dorée, dos orné.

Les 4 fig. sont grav. par Mᵐᵉ Demonchy, MM. Demonchy et Collibert.

286. — **La Fontaine** (J. de). OEuvres, nouv. édit. mises en ordre par C.-A. Walckenaer, *supplément.* Paris, Lefèvre, 1854. 1 vol. gr. in-8°, cart. n. r., pap. vélin.

Supplément à toutes les éditions de La Fontaine contenant 16 contes qui font partie des différentes éditions anciennes de La Fontaine; on y a joint 95 *vignettes de Duplessis-Bertaux;* épreuves avant la lettre sur chine.

287. — **La Fontaine**. (J. de). Contes et nouvelles en vers. Paris, Barraud, 1874. 2 vol. in-8°, en ff. dans un cartonnage, pap. Whatm., fig. (**22**).

Très jolie réimpression de la célèbre édition des fermiers généraux; 25 portraits avec les 85 fig. d'Eisen à part, en double état sur chine, noir et à la sanguine; 75 vignettes en tête et culs-de-lampe.

288. — **La Fontaine** (J. de). Illustrations pour les contes. 29 gravures avec texte gravé au bas; — Watteau, Lancre???, non signées : l'Amant déguisé en médecin, le Mariage forcé, Georges Dandin, l'Amour peintre, l'Oiseau en cage, l'Embrassade amoureuse, la Devineresse, l'Horoscope, la Cruche, le Baiser donné, le Baiser rendu, le Faiseur d'oreilles et le Raccommodeur de moules, la Mandragore, la Chose impossible, la Servante justifiée, le Cuvier, le Savetier, frère Luce congédiant Agnès, frère Luce, les Rémois, les Oyes du frère Philippe, la Clochette, le Pâté d'anguilles, suite du Pâté d'anguille, le Villageois qui cherche son veau, le Petit chien, le Diable de Papefiguière, Second tour des trois commères, le Gascon puni (Paris-Selis). En 1 vol. in-4°, d.-r.

289. — [**La Salle** (Ant. de)]. Histoire du petit Jehan de Saintré et de la dame des Belles Cousines; extraite de la vieille chronique de ce nom, par *M. de Tressan*. A Paris, de l'imp. de Didot jeune, 1791. 1 vol. pet. in-12. d.-r. bas. rouge.

Avec 4 fig., par Moreau jeune, gravées par Dambrun, Halbou et de Longueil, en double état.

290. — Le même. 1 vol. pet. in-12, rel. mar. bleu, fil. dentelle, tr. dorée (*Allô*).

Avec 4 fig. de Moreau jeune. Très grand de marges.

291. — **Lanjon.** Les à-propos de société ou chansons de M. L.; les à-propos de la Folie ou chansons grotesques, grivoises et annonces de parade. S. l. (Paris), 1776. 3 vol. in-8°, rel. veau, fil., tr. dorée.

Frontisp., fig. et vignettes de Moreau jeune, musique notée.

292. — **Le Sage.** Les aventures de M. Robert Chevalier dit de Beauchène, capitaine de flibustiers dans la nouvelle France. Paris, Etienne Ganeau, 1732. 2 vol. in-12, rel. mar. r., fil., dos orné, tr. dorée, dent. int. (*Petit*), fig.

6 fig. de Bonnard, gr. par Scotin, édit. originale.

293. — **Le Sage.** Histoire d'Estevanille Gonzalez, surnommé le garçon de bonne humeur, tirée de l'Espagnol. Paris, Prault, 1734. 2 vol. in-12, rel. mar. r., fil., tr. dorée (*Smeers*).

294. — **Le Sage.** Le Bachelier de Salamanque ou les mémoires de D. Chérubin de la Ronda, tirés d'un manuscrit Espagnol. Paris, Valleyre fils, Gissey, 1736. 1 vol. in-12, rel. mar. r., fil., dos orné, dent. int., tr. dorée (*Petit*), fig.

3 fig. non signées.

295. — **Le Sage**. Le Bachelier de Salamanque ou les mémoires de D. Chérubin de la Ronda, tirés d'un manuscrit Espagnol. La Haye, Pierre Gosse, 1738. 2 vol. in-12, rel. mar. r., fil., dos orné, dent. int., tr. dorée (*Petit*), fig.

6 fig. non signées.!

296. — **Le Sage**. Recueil des pièces mises au théâtre françois. Paris, Jacques Barois, 1739. 2 vol. in-12, rel. mar. rouge, dos orné, dent. int., tr. dorée (*Smeers*).

Edition originale, Traître puni., Félix de Mendoce, Point d'honneur, la Tontine, D. César Ursin, Crispin rival de son maître, Turcaret et sa critique.

297. — **Le Sage**. Histoire de Gil Blas de Santillane, dernière édition revue et corrigée. Paris, par les libraires associés, 1747. 4 vol. pet. in-8, rel. mar. r. jans., dent. int., tr. dorée (*Allô*).

32 fig. non signées, bonne édition sous cette date ; le fleuron de la prem. page représente *un temple* et non un ornement. Edition importante au point de vue littéraire, car c'est la première édition complète.

298. — **Lesage**. Histoire de Gil Blas de Santillane. Paris, Didot l'aîné, 1819. 9 vol. in-8º, rel. mar. bl.

longs grains, dent. sur les plats, dos orné, tr. dorée, fig.

90 fig. de Bornet, Charpentier, Bertaux; quelques-unes avant la lettre. Ex. sur pap. fin.

299. — [**Le Tourneur** (P.)]. Histoire d'Angleterre représentée par fig. accompagnées d'un précis historique gravées par *F. A. David*, d'après les dessins des plus célèbres artistes, dédiée et présentée à Monsieur, frère du Roi. Paris, chez l'auteur, 1784. 2 vol. in-4°, rel. mar. rouge, fil. sur les plats, tr. dorée, fig. (*rel. anc.*).

2 titres grav.; 98 fig. par Binet, Gois, Le Jeune, Monnet, Mortimer, et d'après Van Dyck.

300. — [**Le Vayer de Boutigny**]. Tarsis et Zélie, nouvelle édition. Paris, Musier, 1774. 3 vol. in-8°, rel. v. écaille, fil., tr. dorée, fig.

3 front. par Cochin, Moreau et Eisen, grav. par Gaucher, Ponce, etc.; 3 fleurons gravés par Née; 20 vignettes d'Eisen, grav. par Helman, Longueil, etc. Exemplaire du premier tirage.

301. — **Lo-Looz** (de), chevalier de l'ordre royal et militaire de Saint-Louis. Les militaires au delà du Gange. Paris, Bailly, 1770. 2 vol. in-8°, rel. mar. rouge, fil. et petits fers aux angles, armes, tr. dorée (*rel. anc.*), fig. et pl.

2 fig. par Eisen; plans de bataille.

302. — **Longus**. Les amours pastorales de Daphnis et Chloé (traduit du grec par Amyot). S. L. (Paris, Quillau), 1745. 1 vol. in-4°, rel. mar. rouge, fil. tr. dorée, dos orné (*rel. anc.*), front. et fig.

Exemplaire au grand papier, orné de fig. grav. par Audran,

d'après les peintures de Philippe d'Orléans, régent, publiées dans l'édition de 1718, et de 4 culs-de-lampe de Cochin. La fig. des petits pieds manque ; front. de Coypel.

303. — **Longus**. Les amours pastorales de Daphnis et de Chloé, double traduction du grec en françois de M. Amiot et d'un anonime, mises en parallèle, etc. Paris, imp. pour les curieux, 1757. 1 vol. in-4°, rel. mar. rouge, fil., petits fers aux angles, tr. dorée (*rel. anc.*).

Exemplaire en grand papier Hol. de cette édition contenant les fig. grav. par Audran, d'après les peintures du Régent, avec un front. de Coypel, 28 fig. et 16 vignettes ou culs-de-lampe dessinés par Cochin et Eisen et grav. par D. Focke. Texte entouré d'un double encadrement. La fig. des petits pieds s'y trouve.

304. — Le même, papier ord. 1 vol. pet. in-4°, rel. mar. rouge, fil., dos orné, tr. dorée (*rel. anc.*).

Texte entouré d'un simple encadrement.

305. — **Lucain**. La Pharsale, traduite en françois par Marmontel, de l'Académie françoise. Paris, Merlin, 1766. 2 vol. pet. in-8°, rel. mar. rouge, fil. dorés, tr. dorée (*rel. anc.*).

1 front. et 10 fig. de Gravelot.

306. — **Lucrèce**. (De la nature des choses), traduction nouvelle avec des notes par [*La Grange*]. Paris, Bleuet, 1768. 2 vol. in-8°, rel. mar. rouge, fil., petits fers aux angles, tr. dorée, (*rel. anc.*), *pap. Hol.*

1 front. et 6 fig. de Gravelot, gravées par Binet.

307. — [**Malfilâtre**]. Narcisse dans l'isle de Vénus, poème en quatre chants. Paris, chez Lejay, s. d. (1769).

1 vol. in-8°, rel. mar. vert, fil., dos orné, jolie dent. int., tr. dorée (*Allô*), fig.

Titre gravé par Eisen ; 4 fig. de G. de Saint-Aubin avant la lettre. Exemplaire en grand papier.

308. — [**Malfilâtre**]. Narcisse dans l'île de Vénus, poème en quatre chants à la suite Imbert, jugement de Paris, paginat. continue. A Paris, chez Chaigneau aîné, imp. libr., 1797. 1 vol. in-8°, rel. mar. bl. à longs grains, dos orné, dent. formée de pampres, tr. dorée (*Dolt*), fig.

1 titre par Eisen ; 4 fig. de Saint-Aubin, réduction de celles de 1769 ; fig. avant la lettre, et fig. de Moreau pour le jugement de Pâris.

309. — [**Mamin**]. Aventures d'Ulysse dans l'isle d'OEda, par M. M***. A Paris, chez Bauche fils, 1752. 1 vol. in-16, rel. mar. fil., dent. intér., tr. dorée (*Fougeray*).

310. — **Marillier**. Recueil factice de 140 gravures du maître après la lettre, tirées des suites des Mille et une nuits, Mille et un jours, contes de Perrault, Voyages imaginaires, Contes chinois, etc. En 1 vol. in-8°, d.-r., mar. r., t. d., n. r.

311. — **Marmontel**, de l'Académie française. Contes moraux. Paris, Merlin, 1765. 3 vol. in-8°, rel. mar. rouge, fil., tr. dorée aux armes (*rel. anc.*), fig.

Port. par Cochin, tit. par Gravelot, 23 fig. par Gravelot. Exemplaire du premier tirage sous cette date, avec l'errata à la suite de la table.

312. — **Marot**, valet de chambre du roi. OEuvres.

Genève (Cazin), 1781. 2 vol. in-18, rel. mar. r., fil., tr. dorée, port. (*rel. anc.*).

Portr. en médaillon grav. par De Launay d'après Holbein.

313. — **Milton**. Le Paradis perdu, poème héroïque traduit de l'anglais avec les remarques de *M. Addison*. A Genève, 1778. 3 vol. pet. in-12, rel. mar. rouge, fil., tr. dorée (*rel. anc.*).

Portr. de Milton par de Launay.

314. — **Milton**. Paradis perdu traduit par Jacques Delille. Paris, Giguet et Marchand, 1805. 3 vol. in-8°, rel. mar. rouge à longs grains, fil. sur les plats, tr. dorée.

3 fig. de Monsiau, grav. par Couché, Delignon, etc ; double faux titre.

315. — **Montesquieu**. Le temple de Gnide, revu, corrigé et augmenté. Londres, s. d. 1 vol. pet. in-8°, rel. mar. vert, large dent. sur les plats, ainsi que le chiffre de Mérard de Saint-Juste (*rel. anc.*).

Avec 1 front. et 9 vignettes non signées par Eisen et Cochin.

316. — **Montesquieu**. Le temple de Gnide, suivi de Céphise et l'amour, et de Arsace et Isménie. A Paris, de l'impr. de Didot jeune, l'an troisième (1794). 1 vol. in-8°, rel. mar. rouge, entrelacs et fil. dorés, doubl. de tabis, tr. dorée (*rel. empire*).

Édition ornée de 1 front. et de 11 fig. par Eisen et Le Barbier, grav. par Le Mire et Thomas.

317. — **Montesquieu**. Le temple de Gnide. A Paris, de l'imprimerie de Didot jeune, l'an III (1795).

1 vol. in-18, rel. mar. rouge, fil. et entrelacs, dent. int.,
doubl. de tabis, tr. dorée, *rel. empire.*

Titre avec port. par Saint-Aubin et 10 fig. grav. par Regnault
et Bertaux.

318. — **Montfaucon** (Bern. de). Les monumens de
la monarchie françoise qui comprennent l'histoire de
France, avec les figures de chaque règne que l'injure des
tems a épargnées. Paris, Gandouin, 1729-1733. 5 vol.
in-f°, rel. v. marbre (pl.).

319. — [**Morel de Vindé**]. Primerose. Paris, impr.
Didot aîné, 1797. 1 vol. in-12, rel. mar. bleu, fil., dos
orné, dent. int., tr. dorée (*Hardy*), fig.

Papier vélin. Front. et fig. de Lefebvre en triple état, eaux-
fortes, avant et après lettre. Rare.

320. — **Morel de Vindé**. Zélomir. Paris, impr.
Didot aîné, 1801. 1 vol. in-12, rel. mar. r. longs grains,
fil., tr. dorée, fig.

Grand papier vélin. 5 figures de Lefebvre avant la lettre.

321. — **Morel de Vindé**. Zélomir. Paris, impr.
Didot aîné, 1801. 1 vol., in-12, rel. mar. bleu, fil., dos
orné, dent. int., tr. dorée (*Hardy*), fig.

Papier vélin. Figures de Lefebvre en double état, eaux-fortes
et avant la lettre.

312. — [**Nougaret** (J.-B.)]. Anecdotes du règne de
Louis XVI, contenant tout ce qui concerne ce monarque,
sa famille et la reine ; les vertus et les vices, etc. Paris,
1791. 6 vol. in-12, rel. mar. laval. jansén., dent. int.,
tr. dorée.

323. — **Ovide**. Les métamorphoses en latin et en françois de la traduction de l'abbé *Banier*, avec des explications historiques. Paris, Le Clerc, 1767-1771. 4 vol. in-4°. rel. v. écaille, fil., tr. dor., fig.

1 front. et dédic. gr.; 140 fig. par Boucher, Eisen, Gravelot, et vignettes.

324. — **Palissot**. La Dunciade, poème en dix chants, nouvelle édition revue, corrigée, etc. Londres (Paris, Cazin), 1781. 1 vol. in-18, rel. mar. r., fil. tr. dorée.

325. — **Petity** (L'abbé de), prédicateur de la reine. Etrennes françoises dédiées à la ville de Paris pour l'année jubilaire du règne de Louis le Bien-Aimé. Paris, chez Pierre-Guillaume Simon, imprimeur du Parlement, 1766. Petit in-4°, rel. v. écaille, fil., tr. dorée, *aux armes*, fig.

2 pl. armoiries; 5 jolies fig. par Saint-Aubin et Gravelot.

326. — Portrait de feu Monseigneur le Dauphin. A Paris, chez Lottin l'aîné, 1776, in-8°, br.

1 titre et cul-de-lampe par Cochin; 2 portraits-vignettes gravés par Lempereur. Ouvrage attribué à Cerutti et à de Saint-Megrin.

327. — **Prevost** (L'abbé). Histoire de Manon Lescaut et du chevalier des Grieux. A Paris, de l'imprimerie de P. Didot l'aîné, an V (1797). 2 vol. pet. in-12, rel. mar. vert, fil., tr. dorée.

8 figures de Lefèvre grav. p. Coiny.

328. — **Prévost**. Suite de 6 eaux-fortes sur chine, par Hédouin, pour illustrer Manon Lescaut, édition de Jouaust. Tirées in-4°.

329. — Principales aventures (Les) de l'admirable Don Quichotte, représentées en fig. par Coypel, Picart Le Romain et autres habiles maîtres, avec les explications des XXXI planches de cette magnifique collection tirées de l'original espagnol de Miguel de Cervantes. Liège, J.-F. Bassompierre, 1776. 1 vol. in-4°, rel. bas., fil. dorée, tr. rouge (fig.).

330. — Quatre (Les) saisons, ou les Géorgiques françoises, poème par M. le C. de B. A Londres, 1764. 1 vol. pet. in-8°, rel. v., fil., tr. dorée (*rel. anc.*).

Avec 4 fig. finem. grav. Ex. en gr. papier.

331. — [**Querlon** (Meunier de)]. Les Grâces. Paris, Laurent Prault, 1769. 1 vol. gr. in-8°, rel. v. f., fil., tr. dorée, fig.

Titre grav. par Moreau, front. par Boucher; 5 fig. de Moreau.

332. — **Rabelais** (François). Œuvres avec des remarques historiques et critiques de Le Duchat, nouvelle édition ornée de figures de B. Picart. Amsterdam, J.-F. Bernard, 1741. 3 vol. in-4°, rel. v., fil., tr. peigne (front. et fig.).

Titre gr. par Picart; 3 grav. topographiques, 1 port. de Rabelais, p. Tanjé; 8 culs-de-lampe et 9 vignettes par Picart; 12 estampes de Du Bourg gr. par Bernaerts-Folkema, etc.; qq notes au crayon dans les marges.

333. — **Rabelais** (Maître François). Œuvres suivies des remarques publiées en anglais par M. *Le Motteux* et traduites en français par C. D. M. (*de Missy*), nou-

velle édition ornée de 76 gravures. Paris, Bastien, 1798.
3 vol. in-8°, d.-r., t. d., n. r.

Pl. et fig.

334. — Recueil factice de 6 pièces en 1 vol. in-8°,
rel. v., fig.

Siège de Calais, Amant Bourru, Partie de chasse de Henri IV,
l'honnête criminel, Tom Jones. 9 fig. de Gravelot.

335. — Recueil d'Héroïdes, drames et pièces diverses,
par Dorat, marquis de Pezas, Colardeau, Mercier, etc.
Paris, 1766-1772. En tout, 60 pièces en 12 vol. in-8°,
rel. v., fil., tr. dorée, *rel. anc.*

Avec environ 100 fig. vignettes et culs-de-lampe par Marillier, Eisen, Gravelot, etc. — Intéressant recueil, contenant
entre autres : Temple de Gnide, Irza et Marsis, Amilka ou Pierre
le Grand, Lettre de Zeïla, Alcibiade à Glycérine, Phrosyne et Méli-
dor, le roué vertueux, l'hôpital des fous, la voix de la nature, le
dépit et le voyageur, Lettre de Sapho à Phaon, les deux reines,
lettre d'une chanoinesse, les sens, lettre de Barnevelt, etc.

336. — **Regnard.** Œuvres, nouvelle édition revue,
exactement corrigée et conforme à la représentation.
Paris, Maradan, 1790. 4 vol. in-8°, rel. mar. rouge
longs grains, fil. sur les plats, tr. dorée (fig).

1 port., 12 fig. par Borel ; *fig. de Moreau ajoutées.*

337. — Le même. 4 vol. in-8°, rel. v., tr. dorée.
Portr. et fig. de Borel.

338. — [**Restif de la Bretonne**]. La découverte
australe par un homme volant ou le Dédale français,
nouvelle très philosophique suivie de la *Lettre d'un
singe*, etc., imprimé à Leïpsick : et se trouve à Paris,

s. d. 4 vol. in-12, rel. mar. grenat, fil. dent. intér., tr. dorée (*R. Petit*).

Avec 4 frontisp. et 19 fig. non signées.

339. — Rétif de la Bretonne. Le paysan perverti ou les dangers de la ville, histoire récente, mise au jour d'après les véritables Lettres des personnages. La Haye et se trouve à Paris, chez Esprit, 1776. 8 parties en 4 vol. in-12, rel. mar. cit., fil., dos orné, dent. int., tr. dorée (*Petit*), fig.

8 front. et 76 fig. par Binet.

340. — [Restif de la Bretonne]. Les Contemporains ou aventures des plus jolies femmes de l'âge présent, recueillies par N***, et publiées par Timothée Joly, de Lyon, dépositaire de ses manucrits. Imprimé à Leïpzig par Büschel, marchand-libraire, et se trouve à Paris, chez Belin, 1780-1785. 42 vol, in-12, d.-rel. mar. citron, coins, tr. dorée.

Avec 283 fig. non signées.

341. — Rétif de la Bretonne. Les Françaises ou XXXIV exemples choisis dans les mœurs actuelles propres à diriger les filles, les femmes, les épouses et les mères. Neufchâtel, et se trouve à Paris, 1786. 4 vol. in-12, rel. mar. r., fil., dos orné, dent. int., tr. dorée (*Petit*), fig.

Titre raccommodé ; 34 figures de Binet.

342. — Rétif de la Bretonne. Les Parisiennes ou XL caractères généraux pris dans les mœurs actuelles propres à servir à l'instruction des personnes du sexe.

Neufchâtel, Paris, Grillot, 1787. 4 vol. in-12, rel. mar.
bleu, fil., dos orné, tr. dorée, dent. int. (*Smeers*).

20 fig. de Binet.

343. — Rétif de la Bretonne. Les nuits de Paris
ou le spectateur nocturne. Londres et Paris, 1788-1790.
15 parties en 8 vol. in-12, rel. mar. vert, fil., dos orné,
dent. int., tr. dorée (*Petit*), fig.

La 15e partie avec la fig. représentant Louis XVI sur son trône
s'y trouve. Manque la 16e partie.

344. — Rousseau (Jean-Baptiste). OEuvres choisies.
A Amsterdam, Paris (Cazin), 1777. 2 vol. petit in-12,
rel. mar. rouge, fil., tr. dorée (*rel. anc.*).

Portrait-médaillon d'après Aved, gr. par De Launay. — Joli
exemplaire. — Cette édition contient les épigrammes libres.

345. — Rousseau (Jean-Jacques). Emile, 4 vol.;
Mélanges, 6 vol.; Confessions, 10 vol.; Dialogues,
2 vol.; Nouvelle Héloïse, 7 vol.; Contrat social, 1 vol.;
Considérations sur le gouvernement de Pologne, 1 vol.;
Inégalité parmi les hommes, 1 vol. Londres, Cazin, 1780-
1790. Ensemble 36 vol. in-18, rel. mar. r., fil. sur les
plats, tr. dorée (*rel. anc.*).

Fig. de Moreau et portr. grav. par Delvaux; les figures de la
Nouvelle Héloïse sont avant la lettre.

346. — Rousseau (J.-J.). Pygmalion, scène lyrique
mise en vers par M. Berquin, texte gravé par Drouët.
Paris, 1775. Pet. in-8°, 18 f.; dérelié et préparé pour
la reliure.

1 titre et 6 vignettes par Moreau le jeune, grav. par de Launay
et Ponce. Ouvrage [entièrement gravé.

347. — **Rusting** (Salomon van). Het Schouw-Toneel des Doods; war op na 't leeven vertoont word de Dood op den Throon des Aard-Bodems. t'Amsterdam, by Joh. Rotterdam, 1741. 1 vol. in-12, d.-rel. mar. rouge, coins, tête dorée, non rogné (*Cuzin*).

Avec un port. et fig.

348. — [**Saint-Lambert**]. Les saisons, poème, 5e édition, revue et corrigée. Amsterdam, 1773. 1 vol. in-8°, rel. mar. r., fil., dos orné, tr. dorée (*rel. anc.*).

1 front. et 4 fig. de Le Prince et Gravelot ; tache à un feuillet du texte.

349. — **Saint-Lambert**. Les saisons, œuvres mêlées. Paris, imp. Didot aîné, 1795. 2 vol. in-18, rel. mar. rouge, longs grains, dent. à froid, fil. dorés, dos orné, tr. dorée (*Thouvenin*).

350. — **Saint-Marc**, de l'Académie de Bordeaux. OEuvres. Genève et Paris, Monory, 1775. 1 vol. in-8°, rel. v., tr. rouge, fig.

1 port., 1 titre par Eisen ; 1 fig. de Moreau ; 2 vignettes de Eisen et Marillier, grav. par Gaucher.

351. — **Saint-Réal** (L'abbé de). OEuvres, nouvelle édition revue, corrigée et augmentée d'un volume, enrichie de figures en taille douce et de vignettes. Amsterdam, François l'Honoré, 1740. 6 vol. in-12, rel. mar. rouge longs grains, fil., dos orné, tr. dorée (*Bozerian*), front. et fig.

Port. et quelques fig. ajoutées.

352. — **Sauval** (Henri). Galanteries des rois de

France depuis le commencement de la monarchie, nouv. édition enrichie de fig. en taille douce de *B. Picart* et augmentée, etc. Paris, Charles Moette, 1738. 2 tomes en 1 vol. in-8°, rel. mar. bleu foncé jans., dent. int., tr. dorée, chiffre doré sur les plats dans un écusson (*Petit*).

Frontisp. pour chaque tome et 5 fig. par Bern. Picart.

353. — **Scarron**. OEuvres, nouvelle édition revue, corrigée et augmentée de l'histoire de sa vie et de ses ouvrages, d'un discours sur le style burlesque et de quantité de pièces omises dans les éditions précédentes. Amsterdam, chez Weststein, 1752. 7 vol. in-12, rel. mar., fil., dos orné, tr. dorée, dent. int. (*Capé*).

Port. et 7 front.

354. — **Schellenberg** (J.-N.). Freund Heins Erscheinungen in Holbeins Manior. Winterthur, Heinrich Steiner, 1785. 1 vol. in-8°, rel. mar. br. jans., dent. int., tr.dorée (*Hardy-Mennil*), fig.

25 fig. avant la lettre ; exempl. très grand de marges.

355. — **Scheuchzeri** (J.-J.). Physica sacra iconibus aeneis illustrata suppeditante J.-A. *Pfeffel*. Augustae Vindelicorum et Ulmae, 1731-1735. 4 vol. in-f°, rel. mar. r., tr. dorée.

Front., 750 fig.

356. — **Siwft**. Le conte du tonneau contenant tout ce que les arts et les sciences ont de plus sublime et de plus mystérieux avec plusieurs autres pièces très curieuses trad. de l'anglais (par van Effen). La Haye,

chez H. Scheurleer. 1721. 2 vol. in-8°, rel. mar. citron, fil. sur les plats. tr. dorée.

Exempl. en papier de Hollande. 6 fig. non signées.

357. — [**Swift**] Gulliver. Voyages. Paris. imp. Didot aîné, 1797. 4 vol. in-18, rel. mar. vert, fil., et dent. sur les plats. tr. dorée (*De Rome*), fig., pap. vélin.

Exemplaire provenant de la vente Caillard, contenant 1 front. et 9 fig. de Lefebvre, grav. par Masquelier en triple état *eaux-fortes*, avant et après la lettre.

358. — **Swift.** Voyages de Gulliver. Suite de 1 front. et 9 fig. dess. par Lefevre et grav. par Masquelier, avec la lettre *en anglais*.

359. — **Tasse** (Le). Jérusalem délivrée, poème, nouvelle traduction par Lebrun. Paris, Musier fils, 1774. 2 vol. in-8°, rel. mar. rouge, riche dent. sur les plats formée de fleurs, dos orné, tr. dorée (fig.), double filet rouge autour du texte (*rel. anc.*).

2 front. avec port. du Tasse par Gravelot; 2 titres grav. avec fleuron par Drouet; dédicace avec vignette par Le Roy; 20 fig. 9 grands culs-de-lampe à la fin des chants, 14 petits en tête des chants et 20 vignettes avec port. par Gravelot.

360. — **Tasse** (Le). Jérusalem délivrée, poème, nouvelle traduction de Lebrun. A Londres, 1780. 2 vol. pet. in-12, rel. mar. r., fil., tr. dorée.

Frontisp. par Desrays et 2 vign.

361. — **Tasse** (Le). L'Aminte, traduction nouvelle. A Paris, de l'imp. de Ph.-D. Pierre. 1785. 1 vol. pet. in-12, rel. mar. r., tr. dorée, doublé de tabis.

Frontisp. grav.

362. — **Tasse** (Le). Jérusalem délivrée, poëme traduit de l'italien par Lebrun, nouvelle édition revue et corrigée, enrichie de la vie du Tasse par Suard. Paris, Bossange, an XI (1803). 2 vol. in-8°, rel. mar. rouge longs grains, dent. sur les plats, tr. dorée, fig. (*rel. anc.*).

Port. par Chasselat, grav. par Delvaux ; 20 fig. de Le Barbier, avant la lettre.

363. — **Térence.** Comédies, traduction nouvelle avec le texte latin à côté et des notes par l'abbé Le Monnier. Paris, L. Gellot, 1771. 3 vol. in-8°, rel. v. f., fil., tr. dorée (fig.).

1 front. et 6 belles fig. de Cochin.

364. — Théâtre Espagnol (Le) ou les meilleures comédies des plus fameux auteurs espagnols traduites en françois par Lesage. Paris, Moreau, 1700. 1 vol. in-12, rel. mar. r., fil., dos orné, dent. int., tr. dorée (*Smeers*).

Le traistre puni par F. de Rojas, Félix de Mendoce, de Lope de Vega.

365. — **Théocrite.** Idylles traduites en français par J.-B. Gail, nouvelle édition ornée de figures gravées d'après les dessins de Barbier et Boichot. Imprimerie Baudelot et Eberhart, Paris, chez l'auteur, 1796. 2 vol. in-4°, rel. v., tr. dorée (fig.).

Port. et 10 fig. de Boichot et Le Barbier, grav. par Baquoy, Bovinet, Lempereur, etc.

366. — [**Thompson**]. Les Saisons, poème. Amsterdam (Paris, Cazin), 1777. 1 vol. pet. in-12, rel. mar. r., fil., tr. dorée (front.).

367. — Thompson. Les Saisons, poème traduit de l'anglais. Londres (Paris, Cazin), 1779. 1 vol. in-18, rel. mar. r. fil., tr. dorée (*rel. anc.*).

Front. par Marillier.

368. — Thompson. Les Saisons, poème trad. de l'anglais. Paris, Pissot, 1779. 1 vol. pet. in-8°, rel. mar. bl., fil., dos orné, dent. int., tr. dorée (*Smeers*), fig.

Front. et 4 fig. et culs-de-lampe, vignettes par Eisen.

369. — Thompson. Les Saisons, poème trad. de l'anglais. Paris, imp. Didot jeune, 1796. 1 vol. in-8°, rel. mar, rouge longs grains, dos orné, dent. sur les plats, tr. dorée (*Simier*), fig.

4 fig. de Le Barbier.

370. — Tibulle. Elégies, traduction nouvelle, suivie des baisers de Jean Seconde, par Mirabeau. Paris, rue Saint-André-des-Arts, 1798. 3 vol. in-8°, d.-r. n. r. (fig.).

14 fig. de Borel et Marillier; portraits de Mirabeau et Sophie Ruffey.

371. — Vadé. OEuvres... ou recueil des opéras comiques, parodies et pièces fugitives de cet auteur, avec les airs, rondes et vaudevilles notés. A Paris, chez N. B. Duchesne, 1758. 4 vol. in-8°, rel. veau f.

Avec un beau port. dess. par Richard et gr. par Ficquet, et 4 vignettes par Eisen, pour la *Pipe cassée*. Musique notée. Le 4e vol. : à Londres et se trouvent à La Halvilavergerricomique 4071701, contient les œuvres posthumes.

372. — Virgile. OEuvres traduites en françois, le texte vis-à-vis la traduction avec des remarques, par

l'abbé Des Fontaines. Paris, Plassan, 1796. 4 vol. in-8,
rel. mar. grenat à longs grains, fil. sur les plats, dos
orné, tr. dorée (fig.).

17 fig. de Moreau et Zocchi et 2 port.

373. — Virgilio. (L'Eneïde di) del commendatore
Annibal Caro, in Parigi, 1760. 2 vol. in-8 réglés, rel.
cuir de Russie, fil. tr. dorée (*Niedrée*), 2 port. et fig.

Bel exemplaire de J.-J. de Bure en grand papier auquel est ajou-
tée la suite des figures gravées par Abr. Bosse pour la traduction
en vers français de Perrin, éd. in-4° de 1648. Très belles épreuves.

374. — Voltaire. Romans et contes. Bouillon, aux
dépens de la Société typographique, 1778. 3 vol. in-8°,
rel. veau, tr. dorée.

Port. gr. par Cathelin ; fig. par Marillier, Monnet, etc.

375. — Voltaire. Romans et contes. Londres,
(Paris, Cazin), 1781. 3 vol. in-12, rel. mar. r., fil., tr.
dorée, front. (*rel. anc.*).

376. — Voltaire. OEuvres avec des avertissements
et notes par Condorcet, édition procurée par les soins
de Decroix et sous la direction typographique de Letel-
lier. Imprimerie de la Société littéraire et typographique,
à Kehl, 1784-1789. 70 vol. in-8°, rel. v., fil. dorés,
tr. dorée (fig.).

Suite des jolies fig. de Moreau.

377. — Voltaire. La Pucelle d'Orléans, poème en
vingt-un chants. A Londres, 1780. 2 vol. in-8°, rel.
mar. orange, fil. à froid et fleuron, dent. int., tête dorée,
non rogné.

Réimpression en grd. pap. de l'édition de Londres (Paris, Cazin), 1780, avec 1 frontisp. et 21 vign. par Duplessis Bertaut (non signées) tirées en noir et hors texte en bleu. On a ajouté en plus le frontispice en noir et hors texte en bleu de l'édition de 1777, ainsi que le portrait de Voltaire par Loizelet, plus un portrait en 2 manières différentes de Voltaire par Largillière, un portrait-titre en man. noire par J. Barbier, plus 2 suites de gravures, l'une par Vallot et Desenne en double état et une autre par Pauquet.

378. — Voyages d'Anténor en Grèce et en Asie avec des notions sur l'Egypte, traduit par E. F. Lautier, 5ᵉ édition. Paris, Buisson. 3 vol. in-8º, rel. v. f., tr. dorée (fig.).

5 fig. de Bornet.

379. — **Zacharie**. Les quatres parties du jour, poème traduit de l'allemand (par Müller). Paris, Musier fils, 1769. 1 vol. in-8º, rel. mar. vert, fil., dos orné, tr. dorée (*Allô*), fig.

1 front., 4 fig., vignettes et fleurons, par Eisen.

380. — **Zacharie**. Les quatre parties du jour, poème en vers libres, imité de l'allemand, dédié à monseigneur le comte de Provence, par l'abbé Aleaume, secrétaire-interprète de Monseigneur. Paris, imp. Alex. Le Prieur, imp. du roi, 1773. Gr. in-8º, rel. veau écaille, tr. dorée (*aux armes*) fig.

Front., fig. et vignettes par Eisen.

IV

381. — Almanach des prisons, ou anecdotes sur le régime intérieur de la Conciergerie, du Luxembourg, etc., et sur différents prisonniers qui ont habité ces maisons, sous la tyrannie de Robespierre, avec les chansons, couplets qui y ont été faits. Paris, 1794. 1 vol. in-8°, d.-r., front.

382. — **Artagnan** (M. d'), capitaine-lieutenant de la première compagnie des mousquetaires du roi. Mémoires contenant quantité de choses particulières et secrètes qui se sont passées sous le règne de Louis le Grand. Cologne, Pierre Marteau, 1701-1702. 3 vol. in-12, rel. v. br. (*aux armes*).

383. — Atlas géographique contenant la mappemonde et les quatre parties avec les différents Etats d'Europe, dressées sous les yeux de M. Rizzi Zannoni. A Paris, chez Lattré, graveur, 1762. — Idée de la sphère ou principes sur la géographie astronomique par M. Bonne... Paris, 1763. Ensemble, 1 vol. pet. in-16, rel., mar. r., fil., tr. dorée (*rel. anc.*).

384. — **Barante** (de). Histoire des ducs de Bourgogne, de la maison de Valois (1364-1483). Paris,

Delloye,1839. 12 vol. in-8°, d.-r. v. fauve avec coins, tr. peigne.

Plans, cartes et fig. sur chine. Bel exemplaire.

385. — **Bonne**. Petit tableau de la France ou cartes géographiques sur toutes les parties de ce royaume avec une description abrégée. Paris, Lattré, 1764. 1 vol. pet. in-12, rel. mar., fil. et pet. fers aux angles.

1 front. par Gravelot et 28 cartes col.

386. — [**Boussonidor**, attaché au chev. Zeno, amb. vénitien.] Les fastes de Louis XV, de ses ministres, maitresses, généraux et autres notables personnages de son règne. Villefranche, chez la veuve Liberté, 1782. 2 vol. in-12, rel. mar. br. jans., tr. dorée, n. r., dent. int.

387. — **Brienne** (comte de), ministre et premier secrétaire d'Etat. Mémoires contenant les événements les plus remarquables du règne de Louis XIII et de celui de Louis XIV, jusqu'à la mort du cardinal Mazarin. Amsterdam, Bernard, 1719. 3 vol. in-12, rel. v. f., tr. dorée.

Aug. de Loménie, comte de Brienne, vécut de 1594 à 1666.

388. — **Bulau** (Fred.). Personnages énigmatiques, histoires mystérieuses, événements peu ou mal connus, traduit de l'allemand par W. Duckett. Paris, Poulet-Malassis, 1861. 3 vol. in-12, d.-r. v. f., n. r.

389. — **Cabanis** (Pierre), prêtre séculier. Le miroir qui ne flatte point, d'un prince accompli et d'un ministre

fidèle. Ratisbonne, Jean Conrad Peez, 1716. 2 parties en
1 vol. pet. in-8°, rel. mar. rouge, fil. sur les plats, tr. dor.
(rel. anc.).

Rare.

390. — **Campardon** (Em.). Histoire du tribunal
révolutionnaire de Paris, 10 mars 1793-31 mai 1795,
d'après les documents originaux. Paris, Poulet-Malassis,
1862. 2 vol. in-12. d.-r. mar. rouge. tr. dorée. n. r.

Titre rouge et noir.

391. — **Challamel** (Augustin). Histoire. — Musée
de la République française, depuis l'Assemblée des
notables jusqu'à l'Empire, avec les estampes, costumes,
médailles, caricatures, portraits historiés et autographes
les plus remarquables du temps. Paris, Challamel, 1842.
2 vol. in-8°, d.-r. n. r. (pl. et vignettes).

Précieux exemplaire auquel on a ajouté : une lettre autog. très
intéressante du lieutenant-colonel Morin et sa carte d'électeur;
les drapeaux des 60 districts en réduction; une lettre autog. de
Manuel; une de Kellermann, de Kléber; les signatures de Collot
d'Herbois, Jean Bon Saint-André, Billaut-Varennes et autres
pièces révolutionnaires et quelques gravures ajoutées.

392. — Le même. 2 vol. in-8°. d.-r. mar. rouge,
avec coins. tr. dorée, n. r. (Allô), fig.

393. — **Chaussard**. Fêtes et courtisanes de la
Grèce, supplément aux voyages d'Anacharsis et d'Anténor. Paris, 1821. 4 vol. in-8°, d.-r. mar. bl.. tr. dorée. n. r.

Grav. de Garnery; musique notée, etc.

394. — **Collin de Plancy**. Dictionnaire féodal,
édition corrigée, augmentée d'un tableau de l'ancien
régime. Paris, Brissot-Thivars. 1820. 2 vol. in-8°, d.-r. v.

295. — **Colomb** (Fernand). La vie de Cristofle Colomb et la découverte qu'il a faite des Indes occidentales, vulgairement appellées le Nouveau-Monde, trad. en français par C. Cotalendy. Paris, Cl. Barbin, 1681. 2 tomes en 1 vol. in-12, rel. mar. rouge, fil. dorés, dent. int., tr. dorée.

396. — **Comines** (Phil. de). Chronique et histoire faicte et composée par feu messire Philippe de Comines, côtenant les choses advenues durant le règne du roy Loys unziesme, et Charles huictiesme... A Paris, on les vend au clos Bruneau..., par Guillaume le Bret. 1549. 1 vol. pet. in-8°, rel. mar. brun, fers à froid, dentelles intér., tr. dorée (*Duru et Chambolle*).

397. — **Comines** (Phil. de), seigneur d'Argenton. Mémoires contenans l'histoire des roys Louys XI et Charles VIII, depuis l'an 1464 jusques en 1498, reveus et augmentez de plusieurs traictez, par *Denys Godefroy*. La Haye, Arnout Leers, 1682. 2 vol. in-12, rel. jans., mar. r., dent. int., tr. dorée (*Lortic*), fig.

398. — **Desormeaux**. Histoire de Louis de Bourbon, second du nom, prince de Condé, premier prince du sang, surnommé le Grand, ornée de plans de sièges et de batailles. Paris, 1766-1768. 4 vol. pet. in-8°, rel. v. f., fil. dorés, tr. dorée.

Port. et pl.

399. — **Du Bellay** (Martin), seigneur de Langey. Mémoires contenans le discours de plusieurs choses

avenües au royaume de France depuis l'an MDXIII jusques au trépas du roi François premier, ausquels l'autheur a inséré trois livres et quelques fragments des Ogdoades de mess. Guillaume du Bellay, œuvre mis nouvellement en lumière par mess. René du Bellay. Paris, à l'olivier P. l'Huillier, 1570. 1 vol. pet. in-8°, rel. mar. rouge janséniste, dent. int., tr. dorée (*Tripon*).

400. Dubos. Histoire de la ligue faite à Cambray entre Jules II pape, Maximilien Ier empereur, Louis XII roi de France, Ferdinand V roi d'Arragon, et tous les princes d'Italie contre la république de Venise. A La Haye, chez Adrien Moetjens, 1710. 2 vol. in-12, d.-rel. veau, tr. peigne.

401. — Duguay-Trouin. Mémoires. Amsterdam, chez Pierre Mortier, 1740. 1 vol. in-12, rel. veau f., fil., tr. dorée.

Avec un port. et 3 pl.

402. — [Frédéric II]. Mémoires pour servir à l'histoire de la maison de Brandebourg. Berlin, La Haye, Neaulme, 1751. 2 parties en 1 vol. in-4° rel. v.

Front., cartes et culs-de-lampe.

403. — Girard. (Le P. Antoine, S. J.). Les mémorables iovrnées des François ov sont descrites levrs grandes batailles et leurs signalées victoires. A Paris, chez Jean Hénavlt, 1647. 1 vol. in-4°, rel. v. f. (*armes*).

Frontisp. et fig. en taille douce par N. Cochin.

404. — Gmelin, professeur de chimie et de bota-

nique. Voyage en Sibérie, contenant la description des
mœurs et usages des peuples de ce pays, le cours des
rivières, etc., fais aux frais du gouvernement Russe,
traduction de l'original allemand par de Keralio. Paris,
Desaint, 1767. 2 vol. in-12, rel. mar. rouge, fil., tr.
dorée (*rel. anc.*).

Pl. et musique.

405. — [**Goibaud du Bois**]. Mémoires (Les) de feu
Monsieur le duc de Guize (publ. par Saint-Yon). A
Cologne, chez Pierre de la Place (La Haie, Steucker).
1668. 2 part. en 1 vol. pet. in-12, mar. r., dent. intér..
tr. dorée (*Capé*).

Édition qui se rattache aux Elzévier.

406. — **Hérodote**. Histoire traduite du grec avec
des remarques historiques et critiques, un essai sur la
chronologie d'Hérodote et une table géographique par
Larcher. Paris, Mussier, 1786. 7 vol. in-4°, rel. mar.
rouge, fil., tr. dorée (*rel. anc.*).

407. — Histoire abrégée des Provinces-Unies des Païs-
Bas, où l'on voit leurs progrès, leurs conquêtes, leur
gouvernement... A Amsterdam, chez Jean Malherbe,
1701. 1 vol. pet. in-fol., d.-rel. mar. bleu.

6 cartes géographiques et nombr. fig. au verso des ff.

408. — Histoire de Robert-François Damiens, contenant les particularités de son parricide et de son supplice.
A Amsterdam, chez Jacques La Caze, M.DCC.LVII.
1 vol. pet. in-8°, rel. mar. bleu, dent. intér., tr. dorée.

Avec un portrait.

409. — **Hobbes** (Thomas). Le corps politique ou les élémens de la loy morale et civile avec des réflexions etc., traduit d'anglois en françois par un de ses amis (S. Sorbière). S. l., 1652. 1 vol. très pet. in-8°, rel. mar. r.

410. — **Joseph** (Flavius). Histoire des Juifs écrite sous le titre de : Antiquitez judaïques, traduite sur l'original grec par M. Arnauld d'Andilly. Bruxelles, H. Friex, 1701-1702. — Histoire de la guerre des Juifs contre les Romains, traduit (par le même). Bruxelles, 1703. Ensemble 5 vol. pet. in-8°, rel. mar. rouge, fil., tr. dorée (fig.).

411. — Journal de monsieur le cardinal duc de Richelieu, qu'il a fait durant le grand orage de la cour, ès années 1630 et 1631, tirés des mémoires écrits de sa main, avec diverses autres pièces remarquables. Amsterdam, chez Abraham Wolfgank, 1664. 2 part. en 1 vol. pet. in-12, rel. mar. rouge, fil., tr. dorée (*rel. anc.*).

Portrait de Richelieu.

412. — [**La Rochefoucauld**]. Mémoires de M. D. L. R. sur les brigues de la mort de Louys XIII, les guerres de Paris et de Guyenne et la prison des princes, apologie pour M. de Beaufort. Mémoires de M. de la Chastre. Cologne, Pierre van Dyck, 1662. Pet. in-12, rel. v. f., tr. dorée (*Vogel*).

Se joint aux Elzévier.

413. — **Leber** (C.). Des cérémonies du sacre ou recherches historiques et critiques sur les mœurs, les

*

coutumes, les institutions et le droit public des Français dans l'ancienne monarchie. Paris, Baudouin, 1825. 1 vol. in-8°, d.-r. mar., t. dorée, n. r.

48 planches.

414. — **Le Roux de Lincy**. Vie de la reine Anne de Bretagne, femme des rois de France Charles VIII et Louis XII, suivie de lettres inédites et de documens originaux. Paris, Curmer; Lyon, Perrin, 1860-1861. 4 vol. pet. in-8°, rel. mar. r. avec semis d'hermines sur les plats et le dos, dent. int., tr. dorée (*Hardy*), photogr.

415. — **L'Estoile** (Pierre de). Journal de Henri III et de Henri IV ou mémoires pour servir à l'histoire de France, nouvelle édition, accompagnée de remarques historiques et des pièces manuscrites les plus curieuses de ce règne [par Lenglet du Fresnoy]. La Haye (Paris), 1741-1744. 9 vol. pet. in-8°, rel. v. rac. (port).

416. — **Maimbourg**. Histoire de la Ligue. A Paris, chez Sébastien Mabre-Cramoisy, 1684. 1 vol. in-12, rel. bas. br., fil., tr. dorée.

Front.

417. — **Marshall** (John). The life of George Washington commander in chief of the american forces during the war etc... compiled from original papers. Second edition revised and corrected. Philadelphia, 1854. 2 vol. in-8°, d.-rel. avec coins, t. d., n. r. (port).

418. — **Mazarini** (Cardinal Jul.). Le Testament du defunct duc de Nivernois et premier ministre du roy de

France. Cologne, 1663. 1 vol. in-12, rel. mar. r. jans.,
tr. dorée.

Se joint aux Elzévier.

419. — Mazarinades : Le Courier françois, Visions
nocturnes de Mᵉ Mathurin Questier, La misérable cheute
du ministre d'Estat estranger, Observations curieuses sur
l'estat et gouvernement de France, etc. 1649. Ensemble
environ 40 pièces en 1 vol. in-4º, rel. v. br.

420. — **Mézeray** (de). Histoire de France avant
Clovis, l'origine des François et leur établissement dans
les Gaules, l'estat de la religion, etc., abrégé chronologique de l'histoire de France. Amsterdam, Schelte et
Wolfgang, 1673-1696. Ensemble 7 vol. in-12, rel. mar.
rouge, fil., tr. dorée (fig.) (*rel. anc.*).

421. — [**Montjoye** (C. F. L. de)]. Histoire de la
conjuration de Maximilien Robespierre, nouvelle édition.
Paris, Maret, 1796. In-8º, rel. mar. cit., dent. sur les
plats, tr. dorée.

422. — [**Montjoye**]. Histoire de Marie-Antoinette,
Josephe-Jeanne de Lorraine, archiduchesse d'Autriche,
reine de France, par l'auteur de l'éloge de Louis XVI.
Paris, 1797. 1 vol. in-8º, rel. bas.

Port., fig.

423. — Les murailles Révolutionnaires de 1848, collection des décrets, bulletins de la République, adhé-
sions, etc., précédée d'une préface d'Alf. Delvau, 17ᵉ édition. Affiches coloriées. Paris, 1868. 2 vol. in-4º br. (pl.).

424. — Musée des Archives nationales, documens

originaux de l'histoire de France exposés dans l'hôtel Soubise, enrichi de 1,200 fac-similes des autographes les plus importans depuis l'époque mérovingienne jusqu'à la Révolution française. Paris, 1872. En 2 in-4°, d.-r. mar. rouge avec coins, t. d., n. r.

425. — [**Napoléon III**]. Histoire de Jules César. Paris, Impr. imp., 1865-1866. 2 vol. in-4°, rel. mar. r., fil. et ornements sur les plats, dos orné, n. r. (*aux armes impériales*).

Cartes et planches.

426. — **Petra** (Car.). Baronis Vasti Girardi Paraenesis de transferendis seren. Alphonsi de Aragonia eiusdem regni primi regis cineribus a Neapolitana urbe ad Basilicum maiorum tumulum. Neapoli, 1668. Pet. in-4°, rel. mar. r., richement ornée aux armes papales. 7 ff. lim. 68 p.

Dos endommagé.

427. — **Picault** (Pierre). Traitté des parlemens ou estats generaux. A Cologne, chez Pierre Marteau, 1679. 1 vol. in-12, rel. mar. r., fil., tr. dorée.

Se joint aux Elzévier.

428. — [**Piossens** (de)]. Mémoires de la Régence de S. A. R. Mgr le duc d'Orléans durant la minorité de Louis XV, roi de France, enrichis de figures en taille douce. La Haye, J. van Duren, 1736. 3 vol. in-12, rel. v. f., tr. rouge (fig.) (*rel. anc.*).

429. — Portraits des personnages célèbres de la Révolution par *François Bonneville*, avec tableau historique

et notices de P. Quenard, l'un des représentants de la commune de Paris en 1789 et 1790. Paris, chez l'auteur, 1796. 3 vol. in-4°, d.-r. mar. r. avec coins, t. d., n. r., pl.

Titre gravé au tome I; 1 front. à chaque tome, 150 port.

430. — Portraits des généraux français faisant suite aux victoires et conquêtes des Français. Paris, Panckoucke, 1818. 2 vol. in-4°, d.-r. (fig.).

Ces portraits furent gravés sous la direction d'Ambroise Tardieu.

431. — **Priorato** (Comte Galeazzo Gualdo). Histoire du ministère du cardinal Jules Mazarin, traduit de l'italien. La Haye, Abraham Trojet, 1681. 2 vol. in-12, rel. mar. r. jans., tr. dorée, front.

432. — **Ravanne** (Ch. de), page de Son Altesse le duc Régent et mousquetaire. Mémoires. Liége, 1740, 2 vol. in-12, rel. v. f., fil., tr. dorée.

Vignette de Picart sur le titre.

433. — Recueil contenant l'edit dv Roy svr l'establissement de la ivrisdiction des consvls en la ville de Paris; et les Declarations et arrests donnez en suite, pour authoriser ladite iustice. Divisé en devx parties. A Paris, chez Sébastien Cramoisy, 1660. 2 part. en 1 vol. in-4°, rel. mar. rouge, semis de fleurs de lis sur le dos et les plats, armes de Paris, tr. dorée.

434. — **Roger** (P). La noblesse de France aux croisades. Paris, Derache, 1845. 1 vol. gr. in-8°, d.-r., t. d., n. r.

Grav. sur chine.

435. — **Rohan** (duc de). Mémoires sur les choses advenuës en France depuis la mort de Henry le Grand jusques à la paix faite avec les Reformez au mois de iuin 1629, seconde édition, augmentée d'un quatriesme livre (publ. par Samuel Sorbière). S l. (à la sphère : Amsterdam, Louis Elsevier), 1646. 1 vol. in-12, rel. mar. rouge, fil., tr. dorée (*Ducastin*).

436. — Mémoires du duc de Rohan sur les choses advenuës en France depuis la mort de Henry le Grand jusques à la paix faite avec les Reformez au mois de iuin 1629. Augmentées d'un quatrième livre et de divers discours politiques du mesme auteur cy-devant non imprimez. A Paris, sur l'imprimé à Leyden, chez Louys Elzevier, 1661. 2 tomes en 1 vol., rel. mar. rouge, fil., dent. int., dos orné, tr. dorée (*Lortic*).

437. — [**Sandras de Courtilz Gatien**]. La vie de Gaspard de Coligny, seigneur de Chastillon-sur-Loin. A Cologne, chez Pierre Marteau, MD.C.LXXXVI. 1 vol. in-12, rel. mar. brun, fil. à froid, fleur. sur les plats, dent. int., tr. dorée.

438. — **Silhon** (Le sieur de). Le ministre d'Estat, avec le véritable usage de la politique moderne, dernière édition. A Amsterdam, chez Antoine Michiels, 1661. 1 vol. in-12, rel. v. f., fers à froid sur les plats, fil. int., tr. dorée (*Vogel*).

Des presses de Foppens. Se joint aux Elzévier.

439. — **Tacite**. Nouvelle traduction par J.-B. Dureau de Lamalle, membre du Corps législatif et de l'Acadé-

mie française. Paris, Nicolle, 1808. 5 vol. in-8°, d.-r., n. r. (carte).

Exemplaire Renouard avec garde en peau de vélin à chaque volume.

440. — **Temple** (Chev.), seigneur de Sherre, baronet. Remarques sur l'estat des provinces unies des Pais-Bas, faites en l'an 1672. La Haye, Jean et Daniel Steucker, 1680. Pet. in-12, rel. v. fauve, fil., tr. dorée (*Muller*, succ. de *Thouvenin*).

441. — **Thiers** (A.). Histoire de la Révolution française. Paris, Furne-Jouvet, 1865. 10 tomes en 11 vol. in-8°, d.-rel. mar. bleu avec coins, t. d., n. r. (*Allô*), fig.

1 des 200 exempl. sur holl. Quantité de grav. ajoutées, port. et scènes de la Révolution, sur chine et avant la lettre; en double et triple état. — Bel exemplaire.

442. — **Thiers**. Histoire de la Révolution. Album de portraits et sujets historiques d'après Scheffer, Raffet, Johannot, etc. En 1 vol. in-4°, d.-r., n. r.

74 pièces.

443. — **Thiers**. Histoire du Consulat et de l'Empire. Album de portraits, etc., d'après Mirbel, Isabey, Charpentier, etc. En 1 vol. in-4°, d.-r. n. r.

70 pièces.

444. — **Thiers**. Histoire du Consulat et de l'Empire, suite des figures sur chine publiée Lheureux et Furne. In-8° en livraisons.

Cette suite sur chine est rare.

445. — **Urbain VIII** (P. O. M.). Decreta servanda

in canonizatione et beatificatione Sanctorum accedunt instructiones, etc. Romae, typ. Rev. Cam. Apost., 1642. Pet. in-4°, rel. mar. r. aux armes d'Urbain VIII.

1 p. et 63 p. f. n. c. — Reliure fatiguée.

446. — **Vie de Louis Balbe, Berton de Crillon,** surnommé le Brave, et mémoires des règnes de Henri II, François II, Charles IX, Henri III et Henri IV, pour servir à l'histoire de son temps. Paris, Pissot, 1757. 2 vol. in-12, rel. v. marb. aux armes de la Maréchale de Luxembourg (Madeleine-Angélique de Neufville, veuve du duc de Boufflers).

Beau port. de Van Dick, grav. par Balechor.

447. — **Ville** (Messire Anthoine de), chevalier. De la charge des gouverneurs des places. Paris, à la sphère, 1640. 1 vol. pet. in-12, rel. v. f., tr. dorée (*Bozerian*).

V

BIBLIOGRAPHIE

448. — **Bernard** (Aug.). Geofroy Tory, peintre et graveur, premier imprimeur royal réformateur de l'orthographe et de la typographie sous François Ier. Paris, Tross, 1857. 1 vol. in-8°, d.-rel. mar., tr. dorée, n. r.

411. — **Brulliot** (Fr.). Dictionnaire des monogrammes, marques figurées, lettres initiales, noms abrégés, etc., avec lesquels les peintres, dessinateurs, graveurs et sculpteurs ont désigné leurs noms. Munich, 1832-1834. 3 vol. in-4°, d.-rel.

450. — **Brunet** (J.-C.). Manuel du libraire et de l'amateur de livres, 5e édition, avec le supplément et le dictionnaire géographique de Deschamps. Paris, 1860-1878. En 15 vol. in-8°, d.-rel. mar. lavall. avec coins, tr. peigne.

451. — **Dibdin** (Rév. Th. Frognall). Voyage bibliographique, archéologique et pittoresque en France, trad. de l'anglais avec des notes par Théod. Licquet. Paris, Crapelet, 1825. 4 vol. gr. in-8°, d.-rel. v. avec coins, n. r.

Gr. pap.

452. — **Jacob** (Paul Lacroix, bibliophile). Biblio-

graphie et iconographie de tous les ouvrages de Restif de la Bretonne. Paris, 1875. 1 vol. in-8°, br.

Avec portr. — Un des 65 exempl. en papier de Hollande.

453. — **Lacour** (Louis). Livres du boudoir de la reine Marie-Antoinette. Catalogue authentique et original publ. pour la prem. fois avec préfaces et notes. Paris, J. Gay [1863]. 1 vol. pet. in-12, rel. mar. rouge, fil., dent. int., tête dorée, n. r. (*Petit*, succ. de *Simier*).

Un des 15 exempl. sur chine.

454. — **Quentin Bauchart** (Ernest). Les femmes bibliophiles de France (xvie, xviie et xviiie siècles). Paris, Morgand, 1886. 2 vol. gr. in-8°, br.

Pl. et fig. pap. hollande.

455. — [**Yéméniz**]. Catalogue de mes livres. Lyon, Louis Perrin, 1865-1866. 3 vol. in-4°, br., pap. vergé.

Livres en lots.